DE LUCAS 10
HANDLEIDING

DE LUCAS 10 HANDLEIDING

ZENDING VOLGENS DE OPDRACHT EN HET VOORBEELD VAN JEZUS

FOUNDATION PRESS

HARVEST NOW

35 Colony Trail Boulevard Holland Landing,
Ontario L9N 1C6 Canada
001 (905) 836 8943

www.harvest-now.org
stevehill@harvest-now.com

ISBN 978-94-90179-00-7

De bijbeltekst in deze uitgave is ontleend aan *De Nieuwe Bijbelvertaling* © Nederlands Bijbelgenootschap 2004/2007, tenzij anders vermeld.

Andere talen waarin dit boek verscheen zijn Engels, Russisch, Kirgizisch, Duits en Bulgaars.

Ook zullen binnenkort een Noorse en Spaanse versie beschikbaar zijn en wordt er momenteel gewerkt aan de Spaanse, Roemeense, Birmaanse en Tidem (Birmaanse stamtaal) vertaling.

Aanvragen voor vertalingen in andere talen kunnen worden gericht aan Harvest Now.

Copies of this book may be ordered through the bestseller or by contacting:

FOUNDATION PRESS
P.O. Box 12429
1100 AK Amsterdam
The Netherlands
office@foundationuniversity.com

EEN BEETJE HULP VAN MIJN VRIENDEN

"Meer dan tien jaar heb ik de wereldwijde voortbeweging van Gods Koninkrijk vastgelegd. En het is waar: het bijbelboek Handelingen gebeurt vandaag de dag nog steeds! Maar vaak niet op de schitterende kerkpodia, de goedverkochte christelijke conferenties of de toeristische opwekkingsreizen. Het koninkrijk van God gebeurt waar gewone volgelingen van Jezus bidden en uit hun 'comfort zone' stappen, naar onwaarschijnlijke plaatsen gaan (wat ook zeker bij de buren kan zijn), dienen, Jezus met anderen delen, anderen ontmoeten, eten, discipelen maken en vermenigvuldigen. Dit is de beweging waarover we lezen in Lucas 10 en het boek Handelingen. Dit is hoe de eerste kerken begonnen en de vroegere wereld bereikten. Dit is nog steeds hoe vandaag de dag het Koninkrijk zich voortbeweegt.

Steve Hill is al jaren een vriend en metgezel. Hij en Marilyn hebben zichzelf geïnvesteerd in zonen des vredes[1] en 'simple church'[2] groepen in Noord-Amerika, Europa en Centraal-Azië. Wat hij deelt in dit boek is geen theorie, maar ervaring."

Marc van der Woude
Uitgever Joel News[3] en teamhoofd Simple Church Europa[4]

"Het was zo verfrissend om de Lucas 10 Handleiding van Steve Hill te lezen. Hij geeft de hoognodige correctie en aanpassing wat betreft veel geloofsovertuigingen en praktijken die heersen in 'charismatische, apostolische en/of profetische' kringen. Veel van wat via televisie en de media overgedragen wordt vanuit het westen is verdraaid, ongegrond,

---

[1] Zie hoofdstuk 5.
[2] Zie www.indehuizen.nl.
[3] www.joelnews.org.
[4] www.simplechurch.eu.

ongezond en misleidend. In andere delen van de wereld is de invloed van de Westerse media enorm; vaak in hun voordeel, maar nog vaker in hun nadeel. Niet alle Westerse aangelegenheden zijn 'evangelie'. Een deel ervan is gif. Ik waardeer Steve's apostolische missionaire mentaliteit en zijn heldere profetische scherpte, die hem in staat stelt om noodzakelijke, moeilijke kwesties te bespreken zonder polemiek venijn. Hij laat een helder geluid weerklinken om terug te keren naar een evangelie waarin Jezus en het Nieuwe Verbond centraal staan. Als vastgehouden wordt aan de vermaningen en het onderwijs dat Steve geeft, zullen vele levens bespaard blijven van modieuze, waandenkbeeldige en doodlopende leerstellingen die eindigen in schipbreuk, menselijke pijn en lastering van het getuigenis van de Heer. Deze dingen moeten gezegd worden. Ik ben blij dat Steve dat doet."

Stephen Crosby, D. Min.
Stephanos Ministries[5]

"De op Lucas 10 gebaseerde zendingshandleiding van Steve en Marilyn Hill is werkelijk een onmiskenbaar getuigenis dat eenvoudige christenen oproept om elke dag een arbeider in de wijngaard te zijn. De handleiding instrueert, coacht, overtuigt, inspireert, maar is bovenal een accuraat woord van God voor deze generatie. Zoals met elk boek moet het kaf van het koren gescheiden worden, maar in dit boek zit heel veel koren."

Brian J. Dodd
Ph D. (Universiteit van Sheffield,
England, Nieuwtestamentische Studies)
Voormalig Professor: Fuller Theological Seminary,
Asbury Theological Seminary.

Schrijver van onder andere de volgende boeken:

Praying Jesus Way (Inter Varsity Press, 1996)
Where Christology Began (Westminster John Knox Press, 1997)
The Problem with Paul (Inter Varsity Press, 1998)

---

[5] www.stevecrosby.org.

"Dit kleine handboek is het beste wat ik gelezen heb, wat betreft het onder ogen brengen van het Koninkrijk van God en de woorden van Jezus, ontdaan van Westerse cultuur en religieus institutionalisme."

Hamid[6]
Een volgeling van Jezus die gekozen heeft om
in zijn moslimgemeenschap te blijven

---

[6] Sommige namen zijn om veiligheidsredenen veranderd.

DANKBETUIGING

Voor onze vrienden in Centraal-Azië die deze waarheden leven. Jullie zijn onze helden en heldinnen.

INHOUDSOPGAVE

VOORWOORD

Getuigenis van Grace[7]
(Een nieuwe praktiserende gelovige)

Ik ben God dankbaar dat ik van Hem kan houden, dat ik Hem kan dienen en groot kan maken. Ik huil van blijdschap, omdat God me uitgekozen heeft om te vertellen wat Hij dit jaar in mijn leven heeft gedaan. Het is al lang geleden dat ik mijn leven aan Jezus heb gegeven, maar dit jaar zijn mijn ogen open gegaan voor geweldige waarheden over Jezus. Vorig jaar riep ik het uit naar God, omdat ik het heel moeilijk had. Ik was lauw geworden, mijn vreugde was verdwenen en ik had geen geestelijke steun van mensen in mijn omgeving. Toen ontmoette ik Ruth, een zuster die ik al heel lang kende. We gingen naar dezelfde gemeente voordat ik voor mijn werk naar Kazachstan en Rusland was vertrokken. Ik was gedoopt in Rusland en toen ik hier terugkwam, ging ik weer naar dezelfde gemeente als voorheen.

Toen ik Ruth zag was ik verbaasd, omdat ze geestelijk zo sterk op me overkwam. Ik voelde veel warmte en liefde in haar en vroeg of ze inmiddels voorganger was geworden. Ze antwoordde dat ze deel was van een beweging van huiskerken, dat ze al een tijdje niet meer in de stad woonde en dat ze betrokken was bij nationale en zelfs internationale uitbreiding van deze huiskerken. Eerlijk gezegd had ik een jaar lang mijn twijfels over haar verhaal. Hoe was het mogelijk om niet op zondag bij elkaar te komen en om niet naar gezalfde voorgangers te luisteren? Hoe was het mogelijk voor iemand als ik, zonder bijbelschool, om echt de bijbel te begrijpen en nieuwe gemeenten te stichten?

Toen begon ik de samenkomsten te bezoeken van deze huisgemeente, en ik zag dat er leven was. Iedereen voelde zich vrij om openbaringen en getuigenissen te delen. Er waren geen preken, maar de getuigenissen lieten zien dat iedereen dienend betrokken was bij gezinnen en bij het bezoeken van mensen in omliggende dorpen, om hen te helpen en bij te

---

[7] Sommige namen zijn om veiligheidsredenen veranderd.

staan in alledaagse bezigheden en zorgen. Alles wat ze zeiden kon ik terugvinden in het woord van God. Er ging liefde van hen uit.

Ik begon te bidden. Omdat God mij vond toen ik verloren was en Hij mij nieuw leven gaf, had ik altijd al het verlangen om mensen het goede nieuws te vertellen. Dit jaar voelde ik door alle getuigenissen opnieuw de kracht van de Geest, en hoorde ik het geluid van de hemel. Ik ontving bevrijding en had de gelegenheid om te bidden met mijn zus die op sterven lag. God genas haar!

Mijn gebed was dat God me Zijn licht zou laten delen met anderen en Hij heeft mijn roepen gehoord. Momenteel dien ik veel mensen. God heeft de deuren naar veel huizen geopend en momenteel zijn er acht mensen die komen luisteren. Ik bezoek ook familieleden en vrienden.

Elke keer dat we als huisgemeente bij elkaar komen, danken we God dat Hij ons openbaring heeft gegeven over een huis van vrede,[8] waar het vuur van God ontbrandt. We bidden voor onze vrienden Steve en Marilyn. Gods zegen in alles en voor altijd.

---

[8] Zie hoofdstuk 5.

INTRODUCTIE

Voor Westerse Vrienden

Deze handleiding is geschreven voor onze teams in Centraal-Azië. Het achterliggende doel is niet academisch, maar praktisch. We zien uit naar veel meer getuigenissen zoals die van Grace. We hadden nooit verwacht dat deze praktische handleiding uitgegeven zou worden in het Westen. Toch hebben een aantal vrienden ons gevraagd waarom we zoveel tijd hebben gestoken in het behandelen van de context van Westerse charismatische uitingen van het kerkleven, als het geschreven is voor het Oosten. De reden hiervoor is heel eenvoudig, namelijk omdat je Westerse charismatische uitingen overal ter wereld ziet! Het was shockerend om in Bishkek (Kyrgystan) twintig christelijke televisiezenders voorbij te zien komen via een gratis satellietverbinding en vervolgens te ontdekken dat deze allemaal het Amerikaanse 'voorspoeds-evangelie'[9] verkondigden en leiderschapsprivileges en macht voorleefden.

Je weet misschien dat tijdens de jaren negentig, elke grote centrale stad in de voormalige Sovjetwereld de opkomst zag van grote onafhankelijke charismatische kerken. Je weet misschien *niet* dat in de afgelopen decennia de meeste van die kerken in aantal afgenomen zijn. Waarom? De meeste van deze kerken waren het voorbeeld van een leiderschapsstijl die macht en privileges impliceerden, wat weinig verschilde van de leiders binnen de werelden van politiek en misdaad.

Onlangs was ik in een hele grote stad in Oekraïne, en daarna in een stad in Armenië. In beide steden hingen jongeren 's nachts rond in de schaduw van de schittering van hun mobiele telefoons. De huizen zijn klein en overvol. Ze hebben geen geld om naar een discotheek te gaan. De hele nacht hangen ze rond in parken en op straat. In beide steden stelde ik dezelfde vraag: "Hoe kunnen we deze jongvolwassenen

---

[9] Boodschap die gericht is op materiële welvaart, voorspoed en succes.

'inzetten voor' het Koninkrijk? Ze staan werkeloos op het marktplein" (Matteüs 20:3). In beide steden antwoordde mijn gastgezin hetzelfde: "Het is bijna onmogelijk. De meesten hebben alle kerken al gezien en zijn via de achterdeur vertrokken."

Veel mensen zullen zeggen dat er in de jaren negentig een opwekking was in Oekraïne. In 1998 raakten we daar intens bij betrokken. Er werden veel evangelische bijeenkomsten gehouden en veel mensen bekeerden zich. Sommige mensen vertelden me dat het aantal officiële bekeringen die door alle werkzame organisaties in Oekraïne gemeld werden, opliep tot vijf keer zoveel als de bevolking! Iemand anders vertelde me dat in Rusland het aantal bekeerden gelijk is aan het hele bevolkingsaantal. Ik kan deze getallen niet bevestigen, maar er werd verslag gedaan van veel bekeringen. Toch heeft Jezus ons nooit opgedragen om bekeerlingen te tellen. Hij droeg ons op discipelen te maken.

Ja, de jongeren kwamen naar de bijeenkomsten, maar iemand wordt geen discipel door een bijeenkomst bij te wonen. Deze jongeren woonden de samenkomsten bij en zagen hoe de zaken in elkaar staken. Velen kwamen tot de ontdekking dat er maar een klein verschil is tussen georganiseerde religie en georganiseerde misdaad (behalve dat de Maffia betere restaurants heeft!). Het 'evangelie' van geven omwille van het ontvangen van rijkdom heeft jaren gewerkt voor de leiders. Ze hebben huizen en dure auto's en ze hebben indrukwekkende kerkgebouwen gebouwd met luxe kantoren. Maar het werkte niet voor de mensen die gegeven hebben. Die zijn nog steeds arm.

Als je vervolgens naar kleine, arme dorpjes gaat, vind je waarschijnlijk een kleine groep mensen die in aanbidding geleid wordt door een team met elektrische gitaren en een drumstel. Dit is wat ik een paar dagen geleden aantrof in een zigeunerkamp in Bulgarije. Mensen die met moeite zichzelf in leven houden, stoppen geld in geluidsinstallaties en elektrische gitaren zodat ze met twaalf mensen aanbidding met een rockstijl kunnen hebben. Ik vroeg hen: "Waarom doen jullie dit?" Ze antwoordden: "Dit is wat we op televisie zien, vanuit Amerika."[10]

Ik ben ervan overtuigd dat veel van de Westerse charismatische uitingen van Gods Koninkrijk, die over heel de wereld worden geïmiteerd, een vermenging zijn van leiderschap, persoonlijkheid en

---

[10] Zie *Pagan Christianity: The Origins of Our Modern Church Practices*, Frank Viola (Brandon, FL: Present Testimony Ministry) voor een wetenschappelijke uiteenzetting van de heidense oorsprong van de kerk zoals wij die hebben gekend.

geldverheerlijking. Eén van de doelen van de Lucas 10 Handleiding is om de afgoden van onze uitingen van Gods Koninkrijk te ontmantelen. We moeten bestand zijn tegen instituut, afgod en vervolging. We moeten onze roeping zien zoals Jezus die voorschreef en voorleefde. We moeten de gemeenschap van discipelen zien zoals Jezus deze voorschreef en voorleefde. De kerk zoals wij die kennen, moet plaatsmaken voor de kerk zoals Jezus die verlangt en bouwt.

INTRODUCTIE

(Voor onze Oosterse Vrienden)

Het is een voorrecht om dit werk aan te bieden aan jullie. Laat ik beginnen met te zeggen dat de Bijbel en zijn culturele veronderstellingen een Oosters boek is en dat Jezus een Oosterse man was. De culturele achtergrond was Joods en de geografische achtergrond was het Midden-Oosten, niet Noord-Amerika. Dus jullie, als Oosterlingen, zijn beter in staat te begrijpen wat Jezus onderwees dan ik.

Hoe dan ook, laat ik mijn gezag als Westerling gebruiken om één ding te benadrukken: "Wees geen kerk zoals wij die in het Westen de afgelopen honderden jaren geweest zijn. Het heeft niet het gewenste doel bereikt. Waarom zou het voor ieder ander dan wel werken?"

Door de eeuwen heen neigden we ernaar te beginnen met onze eigen kerktradities (leider, gemeente, gebouw, wekelijkse kerkdiensten, ondersteunend gebed en huiskringen) om vervolgens ons inzicht wat betreft zending om die manier van kerk-zijn heen te bouwen. Het kenmerk van alle godsdiensten wereldwijd is de toepassing van een speciale plaats en tijd waar speciale dingen gedaan worden door een speciaal iemand, die jij niet zelf doet, maar waar je een speciaal iemand voor betaalt. Daarom beginnen we met onze religieuze traditie.

Als we beginnen met *hoe* we kerk zijn, wordt ons begrip van zending een poging om mensen naar bijeenkomsten te laten komen en om het kerkprogramma te ondersteunen door aanwezigheid, vrijwilligerswerk en financiën. Dat kan nauwelijks zending genoemd worden. In het ergste geval is dit marketing die gericht is op mensen die al christen zijn en die je naar jou toe wil laten komen in plaats van naar de kerk aan het einde van de straat. En in het beste geval zijn dit oprechte en toegewijde mensen die alles waar ze bekend mee zijn doen om hun gemeenschappen te dienen zoals ze dat altijd gedaan hebben.

Toch wordt discipelschap in deze context een indoctrinatie met betrekking tot de leerstellige reputatie en gezaghebbende structuren van die bepaalde confessionele beweging. Dit is een erg diepgaande indoctrinatie met betrekking tot alles wat deze beweging anders en beter maakt dan andere. Uiteindelijk worden deze leerstellingen geloofd en toegepast, omdat zij gelijk hebben en ieder ander niet helemaal, of helemaal niet. Dit helpt nauwelijks om Jezus en zijn volgelingen als één Lichaam te zien, of Jezus en Zijn Koninkrijk te zien.

Om dit met grote woorden te zeggen: we beginnen met onze Ecclesiologie (hoe we kerk zijn) en laten dat onze Missiologie (hoe we zending doen) vormen en op de een of andere manier vertrouwen we erop dat mensen door dit alles iets over Jezus te weten komen (Christologie). Dit betekent dat kerk en zending er in elke cultuur redelijk hetzelfde uitzien, op confessionele verschillen na die er in de derdewereldlanden nog meer naar neigen verborgen te blijven dan in de Westerse wereld.

Aan Albert Einstein wordt de volgende uitspraak toegeschreven: 'Krankzinnigheid is steeds weer hetzelfde doen, en een ander resultaat verwachten'.

Een andere zegswijze die ik gebruik is: 'Als we altijd doen wat we altijd al gedaan hebben, zullen we altijd krijgen wat we altijd al hadden.' Krankzinnig genoeg hebben we gedaan wat we altijd gedaan hebben, terwijl we baden voor verandering!

Wat gebeurt er als we met Jezus beginnen? Wat gebeurt er als we Jezus onze missie laten laten leiden en Hem vervolgens Zijn kerk laten bouwen? Wat als de volgorde Christologie, Missiologie en dan Ecclesiologie is?[11] Wat als Jezus zending in elke cultuur anders leidt en de kerk die Hij bouwt er in elke cultuur anders uitziet?

Dát door de woorden van Jezus ontdekken in Lucas 10 is het doel van deze handleiding. Als we naar de woorden van Jezus kijken door een bril van honderden jaren kerk-zijn, gecentreerd rond gebouwen en hiërarchische uitingen van de kerk, passen we Zijn woorden aan die structuur aan. We gebruiken Zijn woorden om onze tradities en datgene wat we al doen kracht bij te zetten. Dat is gevangen zitten in kerk-zijn zoals we het altijd gewend waren. Hoe zou de kerk eruit zien waar Jezus naar verlangt? Wat gebeurt er als we kerk-zijn door de woorden en het voorbeeld van Jezus proberen te bekijken?

Als we zouden doen wat Hij opgedragen heeft en discipelen zouden maken (de volken onderwijzen in alles wat Jezus ons geleerd heeft), zou

---

[11] Steve Chaulk, "Intelligent Church", p. 29, ISBN-13:978-0-310-24884-2.

Hij dan misschien kunnen doen wat Hij beloofd heeft en zou Hij dan misschien Zijn kerk kunnen bouwen (persoonlijk de leden van Zijn lichaam leiden en het ware Hoofd zijn van Zijn lichaam in plaats van een boegbeeld)? Wat als we zouden beginnen met zending zoals Jezus dat deed en opgedragen heeft? We nodigen je uit om samen met ons de geboden en implicaties van de woorden van Jezus in Lucas 10 langs te lopen.

Hoofdstuk 1

HET PROBLEEM MET DE ARBEIDERS

"Hij zei tegen hen: "De oogst is groot, maar arbeiders zijn er weinig"."

Lucas 10:2a

A. Het probleem met het hart

Wanneer Jezus het contrast laat zien tussen de grootte van de oogst en het gebrek aan arbeiders, vertelt Hij ons niet waarom er weinig arbeiders zijn. Maar de ervaring leert dat het overgrote deel van zendingswerkers daar in de wereld woont waar het evangelie al bekend is, terwijl in de gebieden waar de minste gelovigen wonen, ook de minste zendingswerkers zijn.

Dit zou te maken kunnen hebben met onze behoefte aan zekerheid, positie, salaris, comfort en veiligheid, aangezien ongelovigen daar niet goed in kunnen voorzien! Oogsten is vaak moeilijk en gevaarlijk werk dat ten koste gaat van jezelf!

Dat zou kunnen wijzen op een probleem met het hart van de arbeider. Ik heb soms het idee dat we maar tot op een bepaalde hoogte God najagen. We gaan ver genoeg om Zijn liefde te ervaren, Zijn vergeving te kennen en genezing te ontvangen. Oftewel we gaan ver genoeg om ons beter te voelen, maar niet ver genoeg om gegrepen te worden door Zijn hart voor de volken en de zogenaamde minsten. God is liefde, maar Zijn liefde is ongetemd, gevaarlijk, onbegrensd en onverschrokken. Oogsten is voornamelijk hard werken, maar kan ook weerzinwekkend en gevaarlijk zijn. Ons hart moet groter zijn dan dat alles en dat kan alleen maar door één te zijn met Zijn hart.

We moeten ons ook bewust zijn van de spiritualiteit die voortkomt uit de New Age en het verlangen naar geestelijke ervaringen die bedoeld zijn om onze eigen behoeften te bevredigen. Als deze mentaliteit overheerst, wordt spiritualiteit gescheiden van verantwoordelijkheid dragen voor anderen en van gehoorzaamheid aan de Enige die werkelijk ervaren is. In het Nieuwe Testament zijn deze aspecten nooit gescheiden. Het

1

ervaren van de Heilige Geest is de motivatie om je hele leven aan Jezus te geven door middel van radicale gehoorzaamheid.

> *"Maar wanneer de heilige Geest over jullie komt, zullen jullie kracht ontvangen en van mij getuigen (martelaren) in Jeruzalem, in heel Judea en Samaria, tot aan de uiteinden van de aarde."* Handelingen 1:8

Het Nieuwe Testament staat vol extreme geestelijke belevingen, maar deze waren er niet omdat de eerste christenen deze zochten in of ten behoeve van zichzelf. In het Nieuwe Testament is niet terug te vinden dat de apostelen de gelovigen leerden hoe je in de derde hemel kon komen of hoe je engelen kon ervaren en er staat zelfs niets over hoe ze konden leren Gods stem te verstaan. Veel bedieningen in het Westen zijn gestoeld op de leider die beweert dat hij anderen deze ervaringen kan leren. Ze praten over het binnengaan van de derde hemel alsof ze het over een restaurant hebben en op die manier laten ze zien dat ze nooit verder dan hun eigen verbeelding zijn gekomen. Dit is zogenaamd 'buitenbijbels' onderwijs: onderwijs dat toegevoegd is aan de Bijbel.

Ervaren mensen iets in deze bijeenkomsten? Ja, veel mensen ervaren daadwerkelijk iets, maar wat ervaren ze? Groepsdynamiek, psychologische meevoering en een emotionele hype kunnen heftige gevoelens en geestelijke verschijningen oproepen, maar brengen weinig vruchten voort. Dat bepaalde personen in het Nieuwe Testament een bovennatuurlijke ervaring hadden, betekent niet dat ook wij deze omwille van onszelf of de ervaring moeten zoeken. Zo veel van het onderwijs dat wordt gegeven op charismatische conferenties, of dat wordt uitgezonden tijdens charismatische tv-uitzendingen, is buitenbijbels. Bijbelverzen worden gebruikt op manieren die in het Nieuwe Testament niet voorkwamen. Dat is de dwaling waar de eerste gemeentes mee kampten, toen sommige gelovigen aanspraak begonnen te maken op bijzondere ervaringen en kennis, die ze vervolgens onderwezen als zijnde noodzakelijk voor verlossing. Ze werden de 'gnostici' genoemd. Zij verhieven hun 'geestelijke' ervaringen boven het eenvoudige onderwijs van de Bijbel.

Johannes had de gnostici met hun nieuwe openbaringen in zijn achterhoofd toen hij 1 Johannes 1:1–4 schreef:

> *"Wat er was vanaf het begin, wat wij gehoord hebben, wat wij met eigen ogen gezien en aanschouwd hebben, wat onze handen hebben aangeraakt, dat verkondigen wij: het Woord dat leven is. Het leven is verschenen, wij hebben het*

gezien en getuigen ervan, we verkondigen u het eeuwige leven dat bij de Vader was en aan ons verschenen is. Wat wij gezien en gehoord hebben, verkondigen we ook aan u, opdat ook u met ons verbonden bent. En verbonden zijn met ons is verbonden zijn met de Vader en met zijn Zoon Jezus Christus. We schrijven u deze brief om onze vreugde volkomen te maken."

Wat er vanaf het begin was, en door iedereen ervaren, schept echte verbondenheid en brengt echte vreugde. Deze relatie met God zal zichtbaar worden in echte relaties met anderen. Johannes laat duidelijk zien dat de praktische uitwerking van een relatie met God inhoudt dat we elkaar liefhebben en dienen.

In het Nieuwe Testament werden ervaringen van God en gehoorzaamheid aan God niet afzonderlijk van elkaar gezocht. Ze beleefden de bovennatuurlijke ervaringen en het wonderbaarlijk ingrijpen van God, terwijl ze door beproevingen en lijden heen doorzetten om hun Meester te gehoorzamen. Ik kan bijvoorbeeld instemmen met veel mensen die denken dat Paulus 'de derde hemel ervaring' had nadat hij gestenigd was en buiten de stad Lystra voor dood werd achtergelaten (Handelingen 14:19). Aanvankelijk ging het erom dat de arbeiders samen met God werkten! We moeten geestelijke ervaringen niet opzoeken om de ervaring zelf. We moeten degenen zijn die weten dat we in Christus dood zijn voor zonde en egoïsme en dat we dus vrij zijn om ons nieuwe 'zelf' als een levend offer in dienst te stellen van Hem. We leven om de Meester te volgen naar het volgende huis, het volgende dorp of het volgende land. We wandelen met Hem.

B. Het probleem met opleidingen

Opgeleid worden op traditionele wijze kan ook een probleem zijn. Het is een cliché geworden dat hoe meer theologisch onderwijs iemand heeft gehad, des te onwaarschijnlijker het is dat hij iemand tot Jezus zal leiden. In werkelijkheid leiden traditionele Bijbelscholen en seminars geen arbeiders op. Ze leiden vakmensen op in de kunst van het in stand houden en laten groeien van een instituut. Mensen die op deze manier worden opgeleid en later succesvol getuige blijken te zijn van velen die Jezus gaan volgen, bevestigen vaak dat ze alles wat ze in seminars geleerd hadden, moesten afleren om een succesvolle volgeling van Jezus en mentor voor anderen te zijn.

Een ander cliché is dat hoe verder je iemand uit zijn eigen omgeving haalt voor een opleiding, des te kleiner de kans dat hij ooit terug zal keren om in diezelfde omgeving te dienen. Dit betekent niet veel binnen een Westerse cultuur, maar het betekent heel veel als je iemand uit een derdewereldland opleidt in Westerse omstandigheden, of als je iemand die in een derdewereldland op het platteland woont in de stad opleidt. Nogmaals, deze manier van opleiden neigt tot het vormen van vakmensen die vervolgens een professionele levensstandaard willen. Het leidt geen mensen op die bereid zijn een verbintenis aan te gaan om hard te werken voor de oogst met een daarbij aansluitende manier van leven. Arbeiders worden in het veld opgeleid!

Jezus leidde Zijn arbeiders op in het veld. Wij kunnen het niet beter doen! Jezus leidde vissers en boeren op om vissers van mensen te zijn. Hij was niet geïnteresseerd in het opleiden van religieuze vakmensen. Hij bestrafte, vervloekte, en meestal confronteerde de geestelijke vakmensen van Zijn tijd (Matteüs 23 liegt er niet om!) en vandaag de dag zou Hij hetzelfde doen.

In Johannes 7:17 sprak Jezus over *leren door doen.* "Wie ernaar streeft te doen wat God wil, zal weten of mijn leer van God komt of dat ik namens mezelf spreek." We leren door te doen! De discipline, het geloof en de worsteling creëren afhankelijkheid van Hem en diepgaande nederigheid. Het uitsluitend eigen maken van informatie, details en kennis over geloofsleer, Bijbelwaarheden en theologie, creëert de meest diepe arrogantie, zoals blijkt uit de opmerking die de Farizeeën maken in Johannes 7:49: "Alleen de massa die de wet niet kent — vervloekt zijn ze!"

Jezus sprak ook over leren in de praktijk toen Hij het had over de opdracht om de volken tot Zijn discipelen te maken door "hen te leren dat ze zich moeten houden aan alles wat Hij hen (de discipelen) opgedragen had" (Matteüs 28:19–20). Het ergste van institutioneel discipelschap zit hem in de leerstellige kenmerken en gezagsstructuren van desbetreffende groep of gezindte. Dit creëert afzondering van het overige deel van het lichaam van Christus en een superioriteitsgevoel, omdat je blijkbaar gelooft dat wat jij doet het beste is!

Jezus' geboden daarentegen gaan over relationele heelheid door vergeving en verzoening en vervolgens over anderen dienen met relationele integriteit. De focus is genezen harten en relaties, niet leerstellige kenmerken. Jammer genoeg zijn vaak de meest intelligente en begaafde mensen het zwakst in het aangaan van relaties. Intellectuele arrogantie is geen goede basis voor liefdevolle relaties! Paulus, één van de best opgeleide mensen van zijn tijd, merkt in 1 Korintiërs 8:1 op dat "kennis verwaand maakt en dat alleen de liefde opbouwt".

Wat ben je liever, iemand die over wonderen praat of iemand die wonderen doet? Iemand die praat over de liefde van God of iemand die een ander omarmt en hem de liefde van God laat zien? In het Koninkrijk van God worden we gekend door de vrucht van de Geest die we in ons leven zien, niet door de hoeveelheid informatie die we bemachtigen.

Er hangen geen diploma's aan de muren van Gods Koninkrijk. Jezus vertrouwde Zijn Koninkrijk toe aan 'ongeschoolde en onopgeleide mensen'. Waarom denken wij het beter te weten?

"Toen de leden van het Sanhedrin zagen hoe vrijmoedig Petrus en Johannes optraden en begrepen dat het gewonen, ongeletterde mensen waren, stonden ze verbaasd, en ze realiseerden zich dat beiden in Jezus' gezelschap hadden verkeerd."
Handelingen 4:13

Een ander voorbeeld van de fout die we maken met afgezonderde training, is een succesvolle charismatische leider die een 'bedieningsschool' begint. De focus van de opleiding is studenten leren om te doen wat de leider in de praktijk doet, bijvoorbeeld mensen genezen. Dit klinkt goed, of niet? Studenten komen massaal, vanuit de plaatsen waar deze leider of zijn teamleden met hun bediening zijn geweest, naar deze school. Vaak zijn het de meest hongerigen en degenen die het meeste opgeven, die deelnemen aan deze bedieningsscholen. De sfeer in deze scholen kan erg aangrijpend zijn, enorm uitdagend en levensveranderend. Wat is hier mis mee?

Het is niet wat Jezus deed en ook niet wat Hij van ons gevraagd heeft, dus zullen er problemen zijn! De beste studenten komen om opgeleid te worden. De bedieningsschool groeit en noden worden zichtbaar, zoals de behoefte aan administratief medewerkers, onderwijzers, hulpverleners en persoonlijk assistenten. Het inmiddels ontstane 'bedieningscentrum' zegent de plaatselijke gemeenschap — die hun zoons en dochters voor training gestuurd heeft — niet door hen weer terug te laten keren, maar in plaats daarvan begint de school het beste voor zichzelf te houden. De plaatselijke oogstvelden hebben niet meer, maar minder arbeiders vanwege de bedieningsschool.

Dit bedieningscentrum organiseert conferenties en voorgangers, leiders en iedereen die in staat is om erheen te vliegen, rijden of lopen, gaat er naartoe. Als je iemand wilt zijn binnen de beweging, moet je erbij zijn! De preken en gebeden gaan over opwekking en de oogst. Geweldig!

Geweldig? De leiders geven duizenden per jaar uit aan conferenties en investeren weinig tot niets in hun eigen stad. Wat als de tijd en het geld dat in deze conferenties geïnvesteerd is, was geïnvesteerd in dak- en thuislozen, de armen, de gevangenissen, de achterstandsbuurten en de vluchtelingen? Wat als...? Dan zou de oogsttijd waar ze over preken en voor bidden misschien daadwerkelijk aanbreken.

In Centraal-Azië zijn we verrast door ontmoetingen met mensen die wel acht Bijbelscholen gedaan hebben van verschillende zendingsorganisaties. Waarom zou iemand een 'eeuwige' student willen zijn en opnieuw en opnieuw naar hetzelfde willen luisteren. Waarom zouden ze nog meer opleiding willen; verder en verder van huis? Soms zijn accommodatie en maaltijden inbegrepen en dat trekt mensen uit een arme cultuur aan. Soms ontstaat er door de opleidingservaring een relatie met een zendingsorganisatie wat resulteert in het krijgen van een betaalde baan. Weer een enorme aantrekkingskracht!

Je kunt er zeker van zijn dat de verschillende zendingsorganisaties hun donateurs niet vertellen dat het grootste deel van de Bijbelschoolstudenten al verschillende andere Bijbelcursussen hebben afgerond. Ik weet zeker dat ze alleen verslag doen van het aantal studenten dat ze trainen om 'toekomstige leiders van het land' te worden.

Waarom zouden ze dit doen? Ze zijn zelf getraind op een Bijbelschool. Een Bijbelschool leiden is het enige waar ze bekend mee zijn. Ze weten hoe ze mensen professionele training moeten geven voor een positie in een institutionele omgeving. Ze weten niet hoe ze de arbeiders voor de oogst moeten trainen. Hun succes zit hem in het aantal studenten dat de opleiding afmaakt. Ze tellen de certificaten die overhandigd zijn. Er zijn geen nieuwe discipelen om te tellen.

Gelukkig worden sommige studenten moe van deze draaimolen en besluiten simpelweg om Jezus te volgen en de daad bij het woord te voegen. Toch veranderen sommige traditionele Bijbelschoolprogramma's. Ik heb gehoord van verschillende scholen die studenten niet laten slagen, tenzij ze erop uit zijn gegaan, twaalf mensen hebben gedoopt en deze dopelingen een gemeenschap hebben laten vormen van mensen die Jezus volgen.

De eenvoudige waarheid is, dat elk instituut en elke gezagsstructuur die opstaat tegen de plaatselijke kerk, uiteindelijk een vijand wordt van de plaatselijke kerk.

Deze instituten nemen middelen in beslag met betrekking tot financiën en personeel en worden liever zelf het hoofd van de plaatselijke kerk in plaats van Jezus. Het zijn deze veronderstelde onderwijs- en trainingscentra voor toekomstige kerkleiders die de bronnen van dwaalleer worden. Dit is hoe de realiteit van de antichrist zich uit: als een instituut, structuur of groep mensen de plaats van Jezus, als Hoofd van Zijn kerk en als Degene die in de mensen woont, inperkt of ontkent.

De Antichrist is niet één persoon die zal opstaan, maar een geest die al in de kerk aan het werk is, zegt Johannes in 1 Johannes 1:18–23. Deze kenmerken van de antichrist komen zichtbaar voort uit de kerk en hun voornaamste leugen is ontkennen dat Jezus de Christus is. Ik geloof echter niet dat Johannes wijst op een verbale ontkenning van dat Jezus de Christus is, maar op een praktisch ontkennen van Zijn heerschappij over Zijn kerk. We belijden Zijn heerschappij met onze mond, maar maken alle beslissingen zelf en dus maken we Hem tot een boegbeeld in plaats van het ware Hoofd van Zijn kerk.

Hoe dan ook, er zijn de afgelopen twintig jaar wereldwijd grote bewegingen van kerkplanters ontstaan, die toegewijd zijn om arbeiders op te leiden voor de oogst op de velden. Arbeiders worden in het veld opgeleid! Dat is wat Jezus deed. Dat is waar David Garrison over schrijft op de website 'Church Planting Movements'.[12] Discipelschapsbewegingen ontstaan in voormalig onbereikte groepen en de enige reden hiervoor is dat arbeiders opgeleid worden in de praktijk.

Discipelen worden door discipelen gemaakt. Programma's en evenementen brengen geen discipelen voort. Ze creëren mensen die weten hoe ze evenementen moeten organiseren. Jezus stuurde de mensenmassa weg en investeerde Zijn leven in de twaalf discipelen.

De infrastructuur van Gods Koninkrijk bestaat uit relaties.

C. Het probleem van de visie of het verwijten van de oogst

In het evangelie van Johannes, hoofdstuk 4, lezen we het verhaal van de vrouw bij de put. Gewoonlijk verachtten Joden de Samaritanen als halfbloed afvalligen en liepen ze liever om Samaria heen dan dat ze er doorheen moesten. Maar Johannes schrijft in vers 4 dat '*Jezus door Samaria moest*'. Dat resulteerde in een ontmoeting bij de put, de redding van een vrouw en het maakte dat Jezus sprak over de velden '*die rijp zijn voor de oogst*'.

> *"Jullie zeggen toch: "Nog vier maanden en dan komt de oogst"? Ik zeg jullie: kijk om je heen, dan zie je dat de velden rijp zijn voor de oogst!"* Johannes 4:35

De discipelen en Jezus keken naar hetzelfde veld: Samaria. De discipelen zagen lege velden, vier maanden voor de oogst. Ze wilden niet in

---

[12] http://www.churchplantingmovements.com.

Samaria zijn en ze geloofden niet dat daar ook maar iets goeds kon gebeuren! Jezus nam de wil van Zijn Vader tot zich en zag rijpe velden die klaar waren om geoogst te worden. Hij handelde vanuit geloof door de gaven van de Heilige Geest en oogstte een oogst. Ze keken naar hetzelfde veld, maar 'zagen' dat wat overeenkomstig was met hun hart.

Om een veld als 'harde grond' te omschrijven is een zogenaamde 'self fulfilling prophesy'. Een uitspraak die ook de oogst zelf verwijt dat hij niet geoogst wordt. Of erger, een uitspraak die God beschuldigt door te zeggen 'God beweegt hier niet zoals in andere landen'. Problemen wat betreft visie zijn hartproblemen die hersteld moeten worden door gedoopt te worden in het hart van de Meester.

Al jarenlang zendt een bepaalde bediening in een gesloten Moslimland de volgende boodschap uit: "Kom tot Jezus en vind daarna een goede kerk waar je gedoopt en onderwezen kan worden." Het probleem van deze boodschap is dat er in dat land geen kerken zijn die in gebouwen bij elkaar komen. Er werd een nieuwe methode ingevoerd. Ze begonnen eenvoudige huisgemeente-bijeenkomsten uit te zenden, compleet met Bijbelstudies waar je aan kon deelnemen, dopen en bidden voor de zieken. De boodschap werd "Kom tot Jezus en begin een gemeenschap met discipelen in je huis." Dit soort gemeenschappen vermenigvuldigen zich momenteel in die cultuur en de berichten zijn dat daar percentueel nu meer gedoopte gelovigen onder de bevolking zijn dan in België of Japan.

Deze zelfde methode voor 'eenvoudig kerk-zijn' (ook wel 'simple church'[13] genaamd) is verkrijgbaar op DVD en te vinden op internet, en helpt het ontstaan van de ene na de andere huisgemeente in Iran.[14]

Veelgestelde vragen

1. **Het lijkt nogal wreed om het hart, de visie of de methode van de arbeiders te verwijten dat er een gebrek aan oogst is in een bepaalde cultuur. Is het niet zo dat sommige culturen opener en ontvankelijker zijn voor Jezus? Is het niet zo dat er seizoenen zijn om te zaaien en om te oogsten?**

   Ja, er zijn seizoenen om te zaaien en te oogsten, maar die lijken elkaar redelijk snel op te volgen zoals Paulus dat omschrijft in 2 Korintiërs 3. Het lijkt er ook op dat er in elke cultuur zakken vol oogst zijn als

---

[13] Zie www.indehuizen.nl.
[14] www.222ministries.com.

iemand de waarneming wat betreft 'harde grond' genegeerd heeft en gewoonweg Jezus gehoorzaamde. De meeste van deze bewegingen zijn begonnen onder de armen, de gebrokenen en de rechtelozen.

2. **Is het niet zo dat wat in de ene cultuur werkt in een andere niet werkt?**

Als we deze principes vertellen in het Westen, zeggen sommigen dat ze in het Oosten niet werken. En als we deze principes vertellen in het Oosten zeggen sommigen dat het in het Westen zal werken maar niet in het Oosten. We zijn er allemaal goed in om excuses te vinden! Hoe dan ook hebben we te doen met de geboden van Jezus. Hij is de grootste leider en de meest wijze man ooit. Als Zijn woorden aan één cultuur gebonden zijn, hebben we allemaal een probleem. Zijn woorden overstijgen cultuur en zijn de sleutel om gesloten deuren te openen, zodat de cultuur van Zijn Koninkrijk harten, gezinnen, steden en naties kan vullen.

3. **Is dit niet gewoon een andere methode? Zijn we weer gewoon iets aan het nabootsen dat ergens werkt en hopen we dat het hier ook zal werken?**

We horen navolgers van Jezus te zijn. Zijn opdracht was om anderen op te leiden om alles te gehoorzamen wat Hij onderwees. We zijn geen volgelingen van zomaar een man, maar van de meest succesvolle man! Ja, we zijn het ontelbare mensen verschuldigd, die de moed hadden om de woorden van Jezus in Lucas 10 te gehoorzamen en de vruchten van die gehoorzaamheid te zien in culturen die historisch gezien 'harde grond' waren. Dit is niet weer een andere methode; dit is gewoonweg wat Jezus ons opgedragen heeft.

Zoveel strategieën om kerken te laten groeien zijn gebaseerd op bedrijfs- en marketingmodellen. Zoveel leiderschapsconferenties zijn gebaseerd op de allernieuwste corporatieve wijsheid. Het Nieuwe Testament wordt gebruikt om dat wat ons voorgehouden wordt, als waarheid te zien, maar meestal is het de allernieuwste bevlieging binnen de zakenwereld. Deze bevliegingen komen en gaan, maar alle waarheid is in Jezus en we zoeken de waarheden die in Jezus zijn.

Dit is niet gewoon weer een andere methode. Dit is Zijn methode! Niettemin is het interessant om te weten dat sommige bedrijfscoaches de strategie van relationele integriteit en intensief mentorschap zoals Jezus ons voorleefde, overnemen.

4. Waarom ontwikkelen we opleidingsinstituten?

Waarom volgen we het voorbeeld van Jezus niet door in het veld op te leiden? Misschien heeft het te maken met het probleem dat we ons machtig willen voelen, dat we in controle willen zijn, succesvol en zichtbaar? Misschien heeft het te maken met dat we de wereld imiteren. Misschien heeft het te maken met tradities? Misschien heeft het te maken met fundamentele onzekerheid en gebrek aan geloof dat de Bijbel en de Heilige Geest genoeg zijn? Misschien heeft het te maken met gebrek aan geloof in de woorden van Jezus dat de vervulling en de leiding van de Heilige Geest de fundamentele voorwaarden zijn om een getuige van Hem en Zijn Koninkrijk te zijn? Misschien heeft het te maken met het feit dat eigenlijk weinig oudsten in het geloof een weg met jonge mensen gaan zoals Jezus dat met Zijn discipelen deed? Misschien omdat er geen relationeel discipelschap is en levensverandering door met mensen onderweg zijn, zoals Jezus dat deed? Programma's, informatieoverdracht en certificaten zijn simpelweg geen vervanging voor relaties.

5. Bedoel je dat iedereen die één of ander bedieningstrainingscentrum of een Bijbelschool begint, verkeerde beweegredenen heeft?

Nee, dat zeg ik niet. We beginnen dit soort projecten allemaal met goede beweegredenen en de beste intenties. We hebben ons eigen verhaal wat betreft het opzetten van een opleidingscentrum! Het probleem is dat we altijd op de verkeerde plaats uitkomen als we niet het woord en voorbeeld van Jezus volgen. De problemen wat betreft gecentreerde training zijn duidelijk en goed vastgelegd. Het begint misschien met zuivere beweegredenen, maar zodra een instituut naar behoren functioneert, gaat het een eigen leven leiden. De beweegredenen van de leidinggevenden kunnen radicaal veranderen vergeleken met het voornemen van de oprichter. De oprichter heeft dan misschien een helder beeld gehad wat betreft de arbeiders, maar degenen die na hem komen richten zich op het onderhouden en de groei van het instituut, de salarissen en hun posities.

Gebeuren er ook wel goede dingen? Natuurlijk, maar uiteindelijk worden alle instituten vijanden van de oogst. Ze consumeren de financiële voorzieningen en de mensen die Jezus het veld in gestuurd zou hebben.

Wat begon als een korte termijn bedieningstraining wordt een driejarige Bijbelschool, wat begon als een Bijbelschool wordt een vierjarige opleiding en wat een opleiding was, wordt een universiteit. De oorspronkelijke beweegreden is verloren gegaan en institutionele onstuimigheid krijgt de overhand.

We moeten volgelingen van Jezus zijn. Hij leidde al doende op, in het veld. Daar waar het maken van discipelen en kerkplantbeweg-ingen in een bepaalde cultuur snel vermenigvuldigen, is één van de algemene kenmerken 'leren door doen'. Dit wordt aangevuld met verschillende korte termijn trainingen en periodes van rust waarin de leerlingen de mogelijkheid hebben om wijsheid en feedback te ont-vangen van oudsten in het geloof.

Hoofdstuk 2

VERSPILDE GEBEDEN EN HET GEOGRAFISCHE PROBLEEM

"Vraag dus de eigenaar van de oogst of hij arbeiders wil sturen om de oogst binnen te halen."

Lucas 10:2b

A. Verspilde gebeden

Misschien is het omstreden om op te merken dat Jezus ons niet opdroeg om voor de mensen die verloren gaan te bidden, maar het is de waarheid. Hij heeft ons niet gevraagd om voor de oogst te bidden.

De tranen van de mensen die eenzaam zijn, misbruikt, mishandeld, bang, ziek, verslaafd, verkracht, uitgehongerd, onderdrukt en verslagen, raken het hart van de Vader onophoudelijk. De tranen van de mensen die verloren zijn, zijn effectief en krachtig en het zijn onophoudelijke gebeden.

Jezus zag dat de velden geestelijk gezien rijp waren en dat ze meer dan klaar waren om geoogst te worden. Ze hebben geen geestelijke voorbereiding meer nodig; we moeten hun gebeden verhoren! Ze hebben onze gebeden niet nodig; ze hebben onze gehoorzaamheid nodig.

Misschien is het ook wel controversieel om vast te stellen dat Jezus ons niet gebood om geestelijke machten te binden die de mensen die verloren zijn beheersen. De aanwezigheid van die machten was voor Jezus geen belemmering om te oogsten. Bovendien wist Hij dat Hij met alle machten van de duisternis af zou rekenen door Zijn dood en opstanding.

Misschien is het gepast om wat dit betreft te mediteren op Efeziërs 1:15–23, Kolossenzen 2:14–15 en Hebreeën 2:14–15. Door de dood en opstanding van Jezus is er afgerekend met de geestelijke machten die de volken in gevangenschap hielden. Als we bidden alsof wij degenen zijn die dit werk gedaan hebben, handelen we eigenlijk in ongeloof met betrekking tot wat Jezus al volbracht heeft. We kunnen niet door 'geestelijke' technologie doen wat Jezus al volbracht heeft aan het kruis.

13

Daarom preken we Christus en Christus die gekruisigd is! Paulus bidt niet tegen de machten van de duisternis, maar dat de kerk openbaring zal krijgen over de overwinning van de verheerlijkte Christus over de duisternis.

Jezus verklaarde toen zijn discipelen terug kwamen dat Hij "satan als een lichtflits uit de hemel had zien vallen" (Lucas 10:18). Maar dat was volbracht terwijl zij Jezus gehoorzaamden door waar ze ook waren het koninkrijk van God te verkondigen en te leven. Het was het gevolg van hun gehoorzaamheid 'in het veld'. Jezus verklaarde dat ze de macht hadden om slangen en schorpioenen te vertrappen en om de kracht van de vijand te breken, en terwijl ze uitstapten in die autoriteit van genezing en bevrijding, zag Jezus "satan als een lichtflits uit de hemel vallen".

In veel charismatische kringen lijkt het alsof je een 'bediening' kan hebben zolang je mensen weer reden geeft om 'geestelijke' dingen te doen die in werkelijkheid niets te maken hebben met het dienen van anderen. Ze zingen uren, doen 'geestelijke' oorlogsvoering, proclameren, maken gebedswandelingen en gebedsreizen ('geestelijk' toerisme?), profeteren dat de oogst komt, bidden dat de oogst komt en proclameren dat de oogst komt, maar ze gebruiken hun tijd en relaties niet om eenvoudigweg de geboden van Jezus uit Lucas 10 te gehoorzamen en nu al met de oogst bezig te zijn.

Zolang je bidt, profeteert, voorbereidt en proclameert, ben je veilig. Dan neem je geen risico. En dan is er geen vrucht die beoordeeld kan worden. Je kunt dan alleen de sfeer beoordelen, de 'zalving', het gevoel van de bijeenkomst. Je kunt over 'geestelijke doorbraken' praten (waar wordt in het Nieuwe Testament gesproken over geestelijke doorbraken?) maar je moet 'geestelijk' zijn om ze op te merken! Je beoordeelt de kunst van performance. Er is geen verantwoordingsplicht met betrekking tot het echte leven. Je hebt het gebod en de verantwoordelijkheid om discipelen te maken genegeerd en je leeft in een wereld van bedrieglijke geestelijkheid en eeuwigdurende samenkomsten.

Waarom bidden we alsof we God moeten overtuigen of overhalen en waarom dwingen we Hem anders maar om te bewegen onder de volken? Geloven we niet dat Hij van mensen houdt en dat Hij onvermoeibaar het beste met hen voor heeft? Veel gebeden bestaan omdat we niet in aanraking zijn geweest met het karakter van Gods hart. Bid maar voor de volken totdat je Gods hart hebt om te gaan.

Waarom bidden we alsof de kans groter is dat God luistert en antwoordt, als we vaker bidden of harder te praten? Jezus vroeg ons dit niet te doen, omdat de heidenen denken dat ze gehoord zullen worden als ze meer woorden gebruiken (Matteüs 6:7). God luistert naar ons hart.

Waarom proberen we zo veel mogelijk mensen bij elkaar te krijgen voor massale gebedsbijeenkomsten? Denken we echt dat als meer mensen bidden, God meer terug zal doen? Kunnen we in groten getale een machtsspelletje met God spelen? Jakobus vertelt ons dat het gebed van één rechtvaardige krachtig is en noemt dan Elia als voorbeeld (Jakobus 5:16–17). God heeft eerbied voor geloof en rechtvaardigheid, niet voor aantallen.

Waarom denken we dat massale gebedsbijeenkomsten effectief zijn? Het kan superhelden maken van 'gebedsleiders', maar Jezus veroordeelde de geestelijke menigte in Zijn tijd voor hun publieke gebeden en zei dat God ons openlijk zal belonen als we in stilte bidden (Matteüs 6:5–6).

De geest van religie zal vieren wat God in het verleden heeft gedaan en zal de komende Messias toejuichen, maar tegelijkertijd zal dezelfde geest proberen Degene te doden die zegt: "Vandaag hebben jullie deze schrifttekst in vervulling horen gaan" (Lucas 4:21–30). Wat God in het verleden heeft gedaan, brengt ons troost en wat God in de toekomst zal doen maakt ons enthousiast, maar de opdracht van de Meester vraagt nu om geloof, gehoorzaamheid en opoffering.

De waarheid is dat Jezus ons opdroeg om te bidden voor de arbeiders. Geestelijk gezien is de oogst rijp, overrijp! Hij heeft alle nodige voorbereidingen al getroffen. Hij heeft de grote voorbede al volbracht. Wij moeten de vruchten van Zijn voorbede plukken. We moeten bidden voor de arbeiders.

Het gevaar dat dreigt als we bidden voor de arbeiders, is precies wat de discipelen overkwam. Zij werden meteen uitgezonden als antwoord op hun eigen gebeden! Als we onszelf onderwerpen aan Jezus en Hem gehoorzamen, zullen we ontdekken dat we bewegen in hoe Hij dingen bedoeld heeft.

Wij zijn niet de regisseurs, de vakmensen, de onderzoekers of de koningen. In het Nieuwe Testament wordt geen bediening of gave van 'profetische voorbede' genoemd. Er zijn geen 'voorbede-generaals'. Wij zijn allemaal priesters en wij bidden allemaal, omdat dat deel is van onze opdracht. Wij zijn de arbeiders.

Wij moeten bidden voor degenen die nederig zullen zijn (zoals Jezus zegt in vers 21) en die het harde, vuile en soms gevaarlijke werk van de oogst doen. God heeft maar één methode en dat is om Zijn vleesgeworden Woord onder de mensen te laten wonen, zodat ze de

heerlijkheid van God die vol genade en waarheid is, kunnen zien. Johannes 1:14 is Zijn enige plan. Er is geen plan 'B'.
We kunnen niet voor de arbeiders bidden als we zelf niet gaan.
Bid voor arbeiders!

B. De Eigenaar van de oogst

In het bijbelgedeelte in Lucas identificeerde Jezus zich met 'de Eigenaar van de oogst'. Hij had alles gedaan wat nodig was om zichzelf op die manier te identificeren. Sommige mensen geloven dat de kerk steeds kleiner zal worden totdat Jezus terugkomt om ons te verlossen uit de demonische nacht. Ze schijnen echt meer te geloven in een toenemend kwaad dat de wereld zal overnemen dan in een groter wordend koninkrijk dat de aarde zal vullen, zoals Daniël gezien heeft het in het bijbelboek Daniël en zoals Jezus verklaarde in Matteüs 13. Ze geloven dat Jezus terug zal komen om met geweld af te dwingen waarin Hij met heilige liefde faalde. Ze geloven niet dat het echt volbracht is aan het kruis en denken dat Zijn offer niet voldoende was om de verloren schepping te verzoenen. Ze lijken te geloven dat Jezus zichzelf 'Heer van de achteruitgang' had moeten noemen.

Aan het kruis overwon Jezus het kwaad. De liefde faalt inderdaad nooit! Cijfers wijzen uit dat het koninkrijk van God een groter wordend koninkrijk is. "In 40 na Chr. bestond de beweging die Jezus begonnen was uit ongeveer tienduizend volgelingen. In 300 na Chr. was dit aantal gegroeid tot zo'n zes miljoen mensen oftewel tien procent van het Romeinse rijk."[15] Die dynamische groei stopte na de derde eeuw en de kerk raakte geïnstitutionaliseerd en ging dood. Maar er ontstond weer groei tijdens de eerste zendingsbeweging van St. Patrick. Na nog een periode van achteruitgang, ontstond er weer groei in de tijd van Martin Luther *en* tijdens het begin van de reformatie, de hervormingen en de zendingsbewegingen van de afgelopen vijfhonderd jaar.

De eerste drie eeuwen na Chr. was de kerk een beweging van eenvoudige gemeenschappen die voornamelijk in de huizen bij elkaar kwamen rond etenstijd. Deze organische samenkomsten zijn nooit echt verdwenen, maar eeuwenlang vervolgde de traditionele kerk iedereen die in hun huis de Bijbel las of met hun eigen kinderen bad. Ze vervolgden de gelovigen met geweld en vermoordden hen. Wat zeldzaam en

---

[15] Steve Addison, *Movements that change the world*, Missional Press, p. 73.

verborgen was, barstte pas echt los in de twintigste eeuw toen huisgemeenten weer op het toneel verschenen, voornamelijk in China.

In de beginjaren van de vervolging gaven veel Chinese christenen
hun geloof op. Sommige geschiedkundigen zeggen dat wel 70 procent
van de toen 750.000 kerkleden hun geloof in Jezus herriepen. Terwijl
China haar deuren sloot, was de rest van de wereld ervan overtuigd dat
daar geen christenen meer over waren. Tegen het einde van de jaren '70
gingen de deuren van China weer meer open. Nu zijn de meeste onderzoekers het erover eens dat er momenteel rond de 100 miljoen
christenen in China zijn.[16]

Als we naar Afrika kijken, zien we dat koloniaal Afrika in 1900 een
bevolking had van 108 miljoen mensen, waarvan 8,7 miljoen oftewel 9
procent christen was. Het merendeel van deze christenen was Koptisch of
Ethiopisch orthodox. Ze werden in aantal overtroffen door 34,5 miljoen
moslims; in verhouding 1 op 4. In 1962 waren er 145 miljoen moslims
en 60 miljoen christenen; een verhouding van 5 op 2. In 2000 waren er
360 miljoen christenen in Afrika. 40,6 procent van de Afrikanen was
moslim en 45 procent christen. Van 1900 tot 2000 verschoof de verhouding van moslims en christenen van 4 op 1 naar minder dan 1 op 1.[17]

De 'Starfish Alliance', een samenwerkingsverband van huisge-
meente-netwerken in India, meldt dat in 2009 op Eerste Pinksterdag
300.000 mensen gedoopt zijn. Leiders Victor en Bindhu Choudhrie
zeggen: "Er heeft een belangrijke vooruitgang en verandering plaatsgevonden in de gemeenschappen van de moslims en brahmaans."[18]
Starfish Alliance is één van de vele snelgroeiende netwerken in India.

James Rutz gelooft dat het groeiende deel van het christendom theologische grenzen overschrijdt en dat dit momenteel 707 miljoen
wedergeboren christenen betreft die per jaar met acht procent groeien.
Deze 'kern van apostelen' is een krachtige combinatie van charismatische, pinkster en evangelische christenen, die het grootste onderscheid
maken door vermenigvuldiging, door verbonden te zijn met elkaar en
door in netwerken te bewegen die gemakkelijk te tellen zijn.[19]

Jezus is de Eigenaar van de oogst. Dat is één van Zijn titels. En het
is een uitdrukking van Zijn karakter. We zijn deel van Zijn groter wordende koninkrijk!

---

[16] *Asia harvest magazine*, december 2009, nieuwsbrief nr. 102, www.asiaharvest.org.
[17] Steve Addison, *Movements That Change the World*, Missional Press, 2009, p. 50–51.
[18] Marc Van der Woude, *Joel News International* nr. 708, November 17, 2009.
[19] Jim Rutz, *Mega Shift*, Colorado Springs, 2005, p. 15.

C. Een heel specifiek gebed

Het verzoek 'om arbeiders uit te zenden naar Zijn oogst' klinkt passief (in het Engels in ieder geval wel, omdat het woord 'uitzenden' hetzelfde is als het woord 'sturen'). We sturen brieven, we sturen e-mails, we sturen een kaart als iemand jarig is of overleden. Maar als we naar Lucas 10 kijken, zou dit werkwoord 'sturen' bij ons een voorstelling moeten oproepen van een boer die met zijn hand zaden op het land strooit. Is Jezus dusdanig Heer van ons leven dat Hij ons in Zijn hand kan nemen, vanuit onze comfortabele, vertrouwde en veilige wereld en ons uit kan strooien op zijn oogstvelden? Zijn we bereid om in de aarde te vallen en onzichtbaar te worden en te sterven om vervolgens vrucht te dragen? Wat is onze motivatie? Willen we God gebruiken om wat we van Hem kunnen krijgen of verlangen we werkelijk naar Zijn heerlijkheid?

Mediteer op Johannes 12:23–26! Als we Jezus dienen en Hem volgen, zullen we met Hem zijn waar Hij is en geëerd worden door de Vader. Waar was Jezus toentertijd? Hij had het niet over een plaats in de ruimte, maar over een plaats waar relatie was en die relationele plaats was in het hart van Zijn Vader. We kunnen alleen uitdrukking geven aan het hart van de Vader als we weten dat we in het hart van de Vader leven. Jezus wist dat en Hij wil dat wij dat ook weten.

Heel weinig bewegingen van God zijn voortgekomen uit het respectabele, vertrouwde middelpunt van een samenleving. De meeste zijn begonnen in de buitenwijken onder de armen, onder mensen die wanhopig zijn en gebroken. En heel weinig bewegingen van God zijn begonnen door mensen uit te nodigen die aan de rand van de maatschappij wonen. Dat zijn namelijk de plaatsen waar we juist naartoe moeten.

Iemand heeft eens gezegd dat de kerk een geografisch probleem heeft. Jezus droeg ons op om te gaan en we blijven de wereld vragen om naar ons toe te komen. Waarom doen we dat?

Als iemand in mijn wereld komt, komen ze naar de plaats waar ik in controle ben, waar ik de ongeschreven regels ken en waar ik me vertrouwd voel. Hoe meer mensen er in mijn wereld komen, des te meer controle oefen ik uit over voorzieningen en des te machtiger word ik. Hoe meer mensen er in mijn wereld komen, des te succesvoller lijk ik te zijn. Het bijeenbrengen van grote menigten heeft veel leiders tot koningen gemaakt die een overdadig leven leiden.

Dit wordt ook wel het 'attraction model'[20] (aantrekkingsmodel) van kerkgroei genoemd. Het probleem is dat de meeste mensen die aangetrokken worden tot deze bewegingen al gelovigen zijn, maar op zoek naar iets beters. Is het onze taak om een gemeenschap te vinden die aansluit bij dat wat wij denken nodig te hebben of is het onze taak om gemeenschappen te creëren voor degenen die dat niet hebben? Het zou duidelijk moeten zijn dat we niet op zoek zijn naar geestelijke ervaringen die we te pas en te onpas consumeren. We moeten arbeiders in de oogstvelden zijn.

De waarheid is heel eenvoudig. Degenen die Jezus nog niet volgen, komen gewoonlijk niet naar onze samenkomsten, hoe gezalfd deze ook zijn. Je kunt het vergelijken met een boer die in de deuropening van zijn graanschuur staat en zegt: "Kom maar binnen oogst! We hebben een mooie graanschuur met alle voorzieningen waardoor je je vertrouwd en gemakkelijk voelt. Onze aanbidding is pakkend. Onze preken zijn gezalfd. Onze kinderopvang is de beste."

Je zou zeggen dat zo'n boer niet goed bij zijn hoofd is. Als zijn oogst binnen gehaald moet worden, zal hij het zelf moeten doen. Dit is het type arbeider waar we voor moeten bidden. Dat is wat de Heer van de oogst ons opdraagt om te doen.

Veelgestelde vragen

1. **Dus je gelooft niet in wat sommigen een 'strategisch niveau van geestelijke oorlogvoering' noemen? Je gelooft niet in voorbereiding op evangelisatie door middel van het binden van geestelijke machten die landen in hun macht houden?**

   Ik geloof daar inderdaad niet in. Jezus heeft dat niet als voorwaarde gesteld om te gaan, dus waarom zouden wij dat wel doen? Feitelijk staat er halverwege Lucas 10 dat Jezus zegt: "Ik zag satan als een lichtflits uit de hemel vallen." Uit de context en uit de verzen die volgen kunnen we maar één ding concluderen, namelijk dat dit het gevolg was van de werken van het koninkrijk die de discipelen in de praktijk deden.[21]

---

[20] Michael Frost & Alan Hirsch, *The Shaping of Things to Come*, Hendrickson Publishers, 2006, p. 225.
[21] Voor een volledige bespreking over dit onderwerp zou je op onze website www.harvest-now.org het artikel 'Ultimate Spiritual Warfare — The Revelation of The Glory of Jesus' kunnen nalezen.

De opdracht is om te bidden voor arbeiders en om te gaan. Zou de Meester ons het veld insturen als het voorbereidende werk nog niet helemaal klaar was?

Een aantal van de mensen die dit onderwijs over het onderscheiden van machten en krachten en het neerhalen daarvan zijn begonnen, zijn voormalige satanisten die beweren 'inside' kennis te hebben over het koninkrijk van de duisternis. Waarom zouden we hun verklaring boven het heldere onderwijs uit de Bijbel plaatsen?

Wat een onderdeel is geworden van veel 'profetische voorbedebedieningen' (een absoluut onbijbelse term) is de bewering in staat te zijn duistere heersers over landen te herkennen en deze vervolgens te binden en neer te halen. Als dit zo belangrijk is, waarom is het dan niet onderwezen door Jezus en Paulus? Waarom is dan nergens vastgelegd dat dit gebeurde voordat Paulus naar een nieuw gebied ging?

Het veroorzaakt misschien heel wat oproer op een podium, maar het is niet Nieuwtestamentisch om op deze manier christen te zijn en er is geen ruimte voor in ons werk. We moeten zieken genezen en demonen uit mensen drijven. Laten we het werk doen dat Jezus deed en niet de waanbeelden volgen van mensen die gericht zijn op de demonen in de lucht.

2. Hoe zit het met gebedswandelingen voorafgaand aan het vinden van een huis van vrede in een bepaalde streek of stad?

Ja, gebed om een stad of streek te zegenen, om richting te vragen voor het vinden van een zoon des vredes,[22] gekoppeld aan specifiek handelen, gehoorzaamheid en dienstbaarheid, is goed. Maar waar het mis gaat, is als er geen verband is tussen gebed en gehoorzaamheid, of als 'geestelijke' activiteiten een vervanging zijn voor gehoorzaam mensen dienen. Het punt is dat wij allemaal voorbidders zijn op grond van ons koninklijk priesterschap en ook allemaal arbeiders. Zoals Nike zegt: "Gewoon doen!"

3. Moet iedereen gaan? Moeten we allemaal evangelisten en kerkplanters zijn? Jezus sprak toch de apostelen aan?

---

[22] Dit is mannelijk en vrouwelijk, net als dat 'zonen van God' en 'discipelen' over zowel mannen als vrouwen gaat. In de NBV wordt over 'vredelievend mens' gesproken, maar in dit boek wordt 'zoon des vredes' uit de NBG-vertaling gebruikt.

Ja, Jezus sprak de apostelen aan, en laat het duidelijk zijn dat niet iedereen de verantwoordelijkheid heeft om uit te gaan zoals de bijvoorbeeld de discipelen dat deden. Maar of het nu aan de andere kant van de oceaan is, aan de andere kant van de vallei of aan de overkant van de straat; we hebben allemaal het voorrecht en de verantwoordelijkheid om de wereld om ons heen te dienen en iedereen heeft een bepaalde verantwoordelijkheid richting familie en vrienden.

Net als dat het normaal is in het gezinsleven om als echtpaar kinderen te willen, is het in onze relatie met God de Vader normaal om te laten zien dat Zijn hart uitgaat naar zonen en dochters, dat Zijn hart uitgaat naar een grote, mooie bruid voor Zijn Zoon en dat Zijn hart uitgaat naar een geweldig grote, creatieve, levende tempel waar de Heilige Geest van kan genieten.

Hoofdstuk 3

HET GEVAAR DAT VOOR ONS LIGT

"Ga op weg, en bedenk wel: ik zend jullie als lammeren onder de wolven."

Lucas 10:3

A. Oogsten moet gevaarlijk werk zijn!

Toen we naar Centraal-Azië gingen, vroeg ik de mensen hoe het evangelie aanvankelijk in die streek gekomen was. Hun antwoord was dat de eerste zendelingen daar dankzij 'Apostel Stalin' waren gekomen. Ik was al meerdere benamingen voor Stalin tegengekomen, maar had nog nooit 'apostel' gehoord. Uiteraard vroeg ik dus wat er met deze opmerking bedoeld werd.

Het verhaal is dat Stalin, die alles wat met God te maken had haatte, de gelovigen in en rond Moskou had laten arresteren, hen opsloot in veehokken en met de trein naar Kyrgystan stuurde. Vandaag de dag is dat drie dagen en nachten reizen. In die tijd vertrokken ze met dat wat ze konden dragen en kregen ze onderweg geen eten en drinken. Een derde van deze mensen stierf onderweg en een derde overleed bij aankomst, omdat er geen voedsel voor hen beschikbaar was. Het derde deel van de mensen die de reis overleefden, waren de eerste getuigen voor Jezus in deze streek.[23]

Mao Tse Tung wordt ook 'apostel' genoemd door degenen die deel zijn van het lichaam van Christus in China. Je vraagt je misschien weer af waarom?

Toen hij aan de macht kwam, was de kerk in China ondergebracht in één gebied, namelijk in het zuidoosten van China, waar ze afhankelijk was van westers leiderschap en onderworpen aan westerse financiële middelen en zwakte. Mao zette de buitenlanders het land uit, vernietigde de christelijke scholen, opleidingen en kerkgebouwen en begon de gelovigen te arresteren om hen vervolgens als slaaf naar fabrieken, mijnen en boerderijen te sturen. Deze slaven deelden brood en dekens

---

[23] Bron: vrienden in Centraal Azië.

met de zieken en stervenden. Ze namen de zwaarste taken op zich, zoals het schoonmaken van de wc's, zodat ze van cel tot cel vertroosting konden brengen. Het getuigenis van hoe deze gelovigen leefden, dienden, leden en stierven, bracht grote menigten tot Jezus.

Het getuigenis van Jezus, dat afgezonderd werd in een uitheemse cultuur en dat beperkt werd tot één deel van het land, verspreidde zich uiteindelijk door het hele land ten koste van de communistische Chinese staat. Het Woord werd vlees en verbleef onder hen![24]

Hebben deze gelovigen geleden? Ja, en veel van hen stierven. Hadden Stalin en Mao het laatste woord? Nee. Terwijl zij de kerk met de grond gelijk wilden maken, plantten zij haar nog dieper in de aarde van hun eigen volk.

B. In het lijden wordt het karakter van Jezus zichtbaar

"Gelukkig zijn jullie wanneer ze je omwille van mij uitschelden, vervolgen en van allerlei kwaad betichten. Verheug je en juich, want je zult rijkelijk worden beloond in de hemel; zo immers vervolgden ze vóór jullie de profeten." Matteüs 5:11–12

De geboden die Jezus uitsprak tijdens de bergrede confronteren ons met deze realiteit. De opdracht om onze vijanden lief te hebben, degenen te zegenen die ons vervloeken en goed te zijn voor degenen die misbruik van ons maken staat in Matteüs 5:44. Door de vervulling van deze geboden keerden vele harten zich tot Jezus in de Chinese gevangenis en in de systemen van dwangarbeid.

Deze geboden confronteren ons met onze verlangens naar comfort, vrede en voorspoed. Er zijn zelfs bepaalde delen van de kerk die onderwijzen dat voorspoed een bewijs is van Gods zegen en dat moeite, armoede en lijden tekenen zijn van persoonlijke zonden of een te klein geloof. Dat is een verdraaiing van het evangelie van het Koninkrijk. In deze bedrieglijke omgeving van vrede, voorspoed en tevredenheid, doen mensen zich heel gemakkelijk voor als het slachtoffer en ze vragen zich af of God nog steeds van hen houdt als hun haar een dag niet goed zit. God is niet je dienstbode. We komen niet naar God om wat we van Hem kunnen krijgen. Nietszeggende geloofsformules zetten God niet naar je hand. God is geen automaat waar je een geloofs-euro, een belijdenis-euro of een collecte-euro in stopt om vervolgens te krijgen wat je wilt.

---

[24] Voor verhalen uit eerste hand, zie *The Heavenly Man,* Paul Hathaway, Monarch Books, Mill Hill, London, 2003.

We sterven aan de oude zondige mens en geven onze nieuwe levens aan God tot eer van Zijn glorie, zelfs als dat betekent dat we moeten lijden en opofferen. De realiteit is dat in het grootste gedeelte van de wereld je leven er niet makkelijker op wordt wanneer je je tot Jezus bekeert. Het maakt het leven zwaarder en gevaarlijker. Volgens Open Doors[25] zijn er van halverwege 2008 tot halverwege 2009 meer dan 176.000 christenen gemarteld vanwege hun geloof in Jezus. Dat zijn bijna 500 mensen per dag die de grootste offers geven.

Deze realiteit van lijden en vervolging staat haaks op het zorgeloze evangelie dat mensen probeert te verleiden om te kiezen voor Jezus vanwege de dingen die Hij voor hen zal doen en de dingen die ze van Hem zullen krijgen. Paulus daarentegen, zegt tegen Timoteüs: "Allen die vroom en in eenheid met Christus Jezus willen leven, zullen worden vervolgd" (2 Timoteüs 3:12). Sommige mensen hebben dit volledig omgedraaid en hebben anderen geleerd dat ons leven welvarend, vermogend, vredig en behaaglijk zal zijn als we maar genoeg geloof hebben. Dit 'evangelie' van vrede en voorspoed is niet het evangelie waar het Nieuwe Testament over spreekt. We hebben westers materialisme en het zoeken naar genot omgedoopt tot het Koninkrijk van God.

Het maakt niet uit hoeveel Bijbelteksten de tv-dominee gebruikt om te bewijzen dat zijn materialisme en zijn liefde voor geld door Jezus worden gezegend. Ja, veel van wat ze zeggen gaat over 'zegen of vloek' en over hoe we of gezegend of vervloekt zijn op basis van wat we doen; vooral op het gebied van wat we hen geven. Het Oudtestamentische verbond van zegeningen en vervloekingen is gebaseerd op gehoorzaamheid aan de Mozaïsche wet en wordt gepreekt alsof het vandaag de dag toepasbaar is.

Maar we zijn geen deel van het Oude Verbond. Het beloofde land van het Oude Verbond is de beloofde Geest van het *nieuwe*. De zegeningen van voorspoed voor het land zijn de zegening geworden dat we in elke situatie in Jezus zijn, waar we ons ook bevinden. We zijn gezegend in Jezus door wat Hij voor ons gedaan heeft en die zegening van innerlijk leven en innerlijke vrede is krachtig genoeg om ons vreugde te geven, zelfs als we lijden.

De Hebreeuwse kerk leed en aanvaardde met vreugde dat (hun) bezittingen geroofd werden. Waarom? Ze wisten dat ze iets beters in bezit hadden, een blijvend bezit in de hemel. (Hebreeën 10:34)

Als we werkelijk de eeuwigheid gezien hebben, zal dat ervoor zorgen dat ons begrip van tijd en alles daar omheen op zijn plaats valt. We

---

[25] www.opendoorsusa.org.

moeten ons niet als slachtoffer opstellen, maar overtuigd zijn dat we na het doen van Gods wil de belofte zullen ontvangen!

In 1 Tessalonicenzen 3:3 zei Paulus tegen de Tessalonicenzen: "zodat u zich niet uit het veld zou laten slaan door de tegenspoed die u ondervindt. U weet tenslotte zelf dat wij die moeten ondergaan." We zijn niet per definitie aangesteld om voorspoedig te zijn. We zijn aangesteld om als Jezus te zijn en mogelijk betekent dat, dat je aangesteld bent om te lijden.

Veel heiligen die op deze manier lijden, laten het geheimenis van het kruis van Jezus zijn werk doen, terwijl ze misbruik ombuigen tot de genade om te vergeven en vervloekingen ombuigen tot de genade om te zegenen. Zegenen is krachtiger dan welke vloek dan ook en vergeving is krachtiger dan elke vorm van misbruik. Je kunt misschien niet kiezen wat er met je gaat gebeuren, maar je kan wel kiezen om stand te houden, en kiezen hoe je op lijden reageert. Je tegenstanders onder ogen komen met stil vertrouwen, vrede, vreugde en vergeving is een groot getuigenis van Christus die in je leeft!

C. We zijn gezegend zodat we tot zegen kunnen zijn

Jezus gebruikte een andere metafoor en zei dat we scherpzinnig als een slang moeten zijn en onschuldig als een duif (Matteüs 10:16). Ja, we zijn gezegend zodat we tot zegen kunnen zijn! Je kunt anderen niet zegenen als je zelf niet gezegend bent. We moeten geven als degenen die alles voor niets gekregen hebben! Dit zijn voornamelijk zegeningen van genade, vergeving, genezing, bevrijding, en het liefhebben van iedereen, zelfs degenen die zich als vijanden gedragen. Maar we zijn ook gezegend in alle andere facetten van ons leven, van gezondheid tot relaties tot financiën. We moeten wijs zijn in hoe we omgaan met dat wat we hebben, inventief zijn met betrekking tot zaken en financiën en zorgen dat we niet in persoonlijke schulden terecht komen. Zoals John Wesley, de oprichter van het methodisme, altijd zei: "Verdien zo veel mogelijk. Spaar zo veel mogelijk. Geef zo veel mogelijk."

Zegeningen brengen altijd verantwoordelijkheden met zich mee tegenover de mensen die lijden en degenen die het veld ingaan! Hoe je om moet gaan met zegeningen is een heel ander onderwerp, maar in principe erkende het Nieuwe Testament voornamelijk twee gebieden met betrekking tot ontvangen en geven. Het ene betrof de armen en het andere het uitzenden van apostolische teams om in nieuwe streken te dienen. Maar als we de zegening het doel maken, zullen ook genoegzaamheid, veiligheid, gemak en de afwezigheid van risico binnen de kortste keren het doel zijn.

Eén van de redenen waarom Jezus het gevaar meteen onomwonden duidelijk maakt, is om Zijn discipelen 'vervolgingsbestendig' te maken en om het reageren vanuit creatieve liefde en vergeving diep deel uit te laten maken van hun DNA. Dit zijn prioriteiten!

Toch vragen ook wij, in het relatief veilige Westen, de mensen die tot geloof komen te breken met al hun oude vriendschappen, omdat we bang zijn dat hun vrienden hen weer mee terug hun oude wereld in zullen trekken. Er is zelfs geen moed voor de confrontatie met dagelijkse verleidingen. We vergeten dat Hij die in ons is, machtiger is dan hij die in de wereld heerst (1 Johannes 4:4). Deze pas bekeerden leven angstvallig met ons, bang voor de wereld, om vervolgens een nieuwe gelovige te zijn die eruit ziet zoals wij, praat zoals wij en doet wat wij doen. Ze worden deel van een christelijke subcultuur of gemeenschap en als hun gevraagd wordt om oude vrienden te winnen voor Jezus, realiseren ze dat ze geen oude vrienden meer hebben. Al die relaties zijn gebroken.

We reageren uit angst voor de wereld om ons heen en dan vragen we ons af waarom we zo weinig invloed in diezelfde wereld hebben. We maken veiligheid, zekerheid en gemak tot doel en vragen ons vervolgens af waarom we in angst leven. Als we zegeningen, vooral financiële zegeningen, het belangrijkste laten zijn in ons leven, raken we het kostbaarste van geloof, liefde en relaties kwijt. We hebben goed ontwikkelde theologiën over zegeningen, maar een zwakke theologie over vervolging en lijden. Paulus haalt een lijst aan met verschillende vormen van leed als bewijs dat hij een 'dienaar van Christus' is (2 Korintiërs 11:23–33) en sluit af door te zeggen dat hij vreugde schept in zwakte, beledigingen, nood, vervolging en ellende om wille van Christus en dat hij in zijn zwakheid sterk is (2 Korintiërs 12:10). We hebben veel meer mensen nodig die lijden kunnen aanhalen als bewijs van hun bediening!

Een pijnlijk kenmerk binnen de meeste traditionele kerkgemeenschappen in al zijn vormen, is dat de meerderheid van de jongeren het praktiseren van hun geloof achter zich laten wanneer ze volwassen worden. Zou dit kunnen komen door het feit dat we niet gemaakt zijn om veilige geestelijke praktijken te consumeren en aanschouwen, hoe eigentijds de aanbidding of hoe interessant de preken ook zijn?

We zijn gemaakt voor het avontuur van geloof en liefde. We zijn gemaakt om op het scherpst van de snede te leven tussen de koninkrijken en de kloof te overbruggen, zodat vele anderen ook het avontuur aan kunnen gaan om met God te wandelen. God is niet veilig. God is niet leuk. Hij is liefde, maar Zijn liefde is wild, onvoorspelbaar en beschreven als verterend vuur, krachtige wateren en heftige, woeste wind.

Onze natuur is gemaakt voor Hem. We zijn niet gemaakt voor theologische correctheid en rustgevende rituelen. We zijn gemaakt voor risico en relaties.

Onze jongeren zien weinig realiteit in de kerk zoals wij die kennen. Ze zien veel gedragsveranderingen, zelfhulpgesprekken, regels en voorschriften en uiterlijk conformisme. Ze weten wat ze moeten doen om in de gemeenschap geaccepteerd, aangemoedigd te worden en veilig te zijn, maar weten weinig van het avontuur van degenen die zijn wedergeboren en zijn als de wind die waait waarheen hij wil, waarvan je het geluid hoort, maar waarvan je niet weet waar hij vandaan komt en waar hij heengaat (Johannes 3:8). Het is nooit de bedoeling geweest dat wandelen met Jezus veilig zou zijn. Het was vol risico's bedoeld. Het was gevaarlijk bedoeld. Dat is wat Jezus beloofde.

> *"Ik heb dit gezegd opdat jullie vrede vinden bij mij. Jullie zullen het zwaar te verduren krijgen in de wereld, maar houd moed: ik heb de wereld overwonnen."*
> Johannes 16:33

Lijden zoeken om het lijden zelf is geestelijke ziekte. Voorbereid zijn op wat nog gaat komen door het volgen van Jezus, zelfs lijden, is geestelijke gezondheid. Sommige delen van de kerk lijden het meest onder besturen die elkaar bestrijden. Andere lijden onder de haat van gewelddadige religieuze bewegingen. Sommige mensen lijden onder het deel van de kerk dat mensen aanvalt die hun leerstellingen, praktijken en specifieke manier van leven niet onderschrijven. In 2 Korintiërs 11:26 sprak Paulus over een aantal van deze lijdensvormen, 'bedreigd door volksgenoten, bedreigd door de heidenen, bedreigd door schijngelovigen.'

Wandelen met Jezus zal ons op de plaats brengen waar we op de proef gesteld worden en waar we erachter komen dat alleen Hij onze Vriend is, ons Schild, onze Beschermer, onze Heer en ons Leven.

Veelgestelde vragen

1. Waarom zouden we zoveel praten over het gevaar van Jezus volgen? Jaagt dat mensen niet alleen maar weg?

In Lucas 14:26–33 zegt Jezus dat we niet Zijn discipelen kunnen worden als we de kosten van totale overgave niet berekenen. Hij

zet de kosten bovenaan. Wij proberen de kosten te verbergen en
de voordelen te benadrukken! Het is een bekend gegeven dat als
je mensen ergens mee wint, ze zich voor datzelfde als waar ze mee
gewonnen zijn, zullen inzetten. Jezus wil ons hart winnen zodat
we de minsten van de minsten dienen met opofferingsgezindheid,
met het risico dat geloof en liefde met zich meebrengt en met een
hartsgesteldheid om alles achter ons te laten en Hem te volgen.
Dus probeert Hij ons te winnen met een oproep tot absolute overgave, alleen aan Hem en voor alleen voor Hem. Hij probeert ons
met Zichzelf te winnen en roept ons op om te leven zoals Hij
leefde.

Als we mensen winnen om zich te identificeren met Jezus door
een beroep te doen op hun zelfzuchtige, op vermaak beluste natuur,
moeten we hen voortdurend amuseren en aan de lusten van die
natuur tegemoet komen. Als er niet voldaan wordt aan wereldse
verwachtingen, vertrekken ze en zeggen ze dat het Christendom
niet werkt.

We kunnen geen discipelen maken door consumerende mensen
te vermaken. De roeping om ons leven af te leggen moet onze eerste
prioriteit zijn. Een bekende uitspraak omschrijft het als volgt: "Het
Christendom is niet beproefd en te licht bevonden. Het is moeilijk
bevonden en niet beproefd."

Natuurlijk mist deze uitspraak het punt dat het niet zal werken
als we het uit eigen kracht doen, maar alleen door genade en
volledige overgave.

2. Dus je gelooft niet dat het Nieuwe Verbond een verbond van materiële zegeningen is?

Nee. Het Nieuwe Verbond is niet een verbond van materiële
zegeningen. Het is een verbond van glorie, wat wil zeggen dat als
we ons leven aan Jezus geven, Hij glorie aan God geeft door onze
levens heen, waar we ook doorheen gaan. De uitwerking van het
wonder van het kruis houdt in dat ons lijden verandert in Zijn heerlijkheid.

Het Oude Verbond was een verbond van tijdelijke zegen en in
het algemeen is dit nog steeds van toepassing op gezinnen,
maatschappijen en volken. Zonde en zelfzuchtigheid veroorzaken
ziekte, angst, vervreemding, eenzaamheid, armoede en verwoesting,
terwijl "gerechtigheid een land verhoogt". Volken worden niet

gezegend vanwege kapitalisme of democratie, maar vanwege de mate waarin het volk zich aan de tien geboden houdt.

Het Nieuwe Verbond is een beter verbond, aangezien God onder dit verbond *in* Zijn volk komt wonen en niet alleen maar *onder* hen. Zijn volk wordt Zijn tempel en de heerlijkheid van deze tempel is om God eer te geven, waar we ook doorheen gaan.

Hoofdstuk 4

GELDBUIDELS, REISTASSEN, SANDALEN EN BEGROETINGEN

"Neem geen geldbuidel, geen reistas en geen sandalen mee, en groet onderweg niemand."

Lucas 10:4

A. Geldbuidels en missie

Als we verder lezen, zien we dat Jezus Zijn discipelen instructies geeft om een zoon des vredes te vinden. Verdere instructies zijn om in het huis van deze persoon te blijven en samen met hem te eten en drinken, bij hem te blijven en hem te dienen in zijn huis. Als we dat doen, vooral als we de reis zonder geld beginnen, zijn we afhankelijk van die persoon wat betreft onze dagelijkse behoeften. De geldbuidel, in de letterlijke zin van het woord, wordt dus ook een beeldspraak voor relationele macht en hoe we om kunnen gaan met machtsverschillen.[26]

Als we geld meenemen, hebben we de macht om een eilandje met onze eigen smaak en voorkeuren te creëren te midden van welke cultuur dan ook, en dat is precies wat Westerse zendelingen wereldwijd gedaan hebben. Naar welk land je ook gaat, je vindt er een 'compound'. Een compound is een mooi terrein vol Westers comfort, omheind door sterke muren. In deze compounds vind je huizen, een school, een kerk en misschien een ziekenhuisje, een weeshuis en een Bijbelschool. Mensen hebben veel geld, tijd en energie gestoken in het bouwen van dit soort centra, waarin een Westers persoon zich comfortabel, machtig en 'in controle' voelt.

Op deze manier wordt zending gedefinieerd als de opdracht om zo veel mogelijk mensen uit de omliggende cultuur in jouw wereld te krijgen, om vervolgens onderwezen en opgeleid te worden om ogenschijnlijk

---

[26] We zullen geldbuidels, reistassen en sandalen gebruiken als beeldspraak voor macht, cultuur en gewoonten. Ik geloof niet dat dat afdoet aan de tekst of Jezus' intenties, maar ervaring heeft geleerd hoe gepast deze beeldspraken zijn.

de leiders binnen hun cultuur te worden. Maar als de omliggende cultuur hindoeïstisch, boeddhistisch of islamitisch is, is een christen worden het meest opstandige wat je kan doen. Zo ontstaat er een patroon van aantrekking en onttrekking door jongeren aan te trekken die hun cultuur afwijzen en zich daar vervolgens aan onttrekken. Binnen de zendingscompound veranderen ze hun naam in een 'christelijke' naam, veranderen ze hun kledingstijl en leren ze hoe ze op het 'culturele eiland' moeten functioneren. Terwijl Marshal McLuhan befaamd is om zijn uitspraak 'het medium is de boodschap', volgen deze jonge jongens en meisjes hun opleiding, raken ze ervan overtuigd dat de enige manier om een leider te zijn is door vanuit een dergelijke compound te werken in driedelig pak, vanaf een podium of van achter een bureau dat betaald is met buitenlands geld, terwijl ze ondersteund worden door nog meer van dat buitenlandse geld.

Het probleem wordt groter aangezien het bouwen van een dergelijk centrum erg kostbaar is waardoor er relatief weinig van gebouwd kunnen worden. Ze zijn ook kwetsbaar voor vernieling en doorgaans doelwit voor antichristelijke en/of antiwesterse zienswijzen in de cultuur waarin ze gebouwd worden.

Bovendien vragen de enorme begrotingen, verschillende professionele diensten, en het voortdurende onderhoud van zo'n centrum om Westerse deskundigheid en Westers geld als het bestuurd moet worden zoals de Westerse donateurs dat verlangen. Er mag dan zwart op wit staan dat het doel is om op een gegeven moment de supervisie over te dragen aan de 'inheemsen' , maar het lijkt erop dat dat moment nooit aanbreekt. Want de gouden regel is: "He that has the gold makes the rules"! (Wie het goud heeft, maakt de regels)

Een andere realiteit is dat complexiteit het niet lang uithoudt. Een dergelijk centrum kan simpelweg niet onderhouden worden zonder hulp van buitenaf. Eenvoud daarentegen vermenigvuldigt zich. Jezus verkondigde het principe dat alleen datgene wat vermenigvuldigd en onderhouden kan worden in de plaatselijke cultuur, aanvaardbaar is om uitdrukking te geven aan Zijn Koninkrijk.

Het complexe, onbekende en afhankelijke van de Chinese kerk werd door Mao vernietigd. Dat wat eenvoudig was en deel van het hart, vermenigvuldigde zich.

Maar misschien is het grootste probleem dat de mensen die zo enorm opgeleid zijn, afgewezen worden door hun familie, vrienden en cultuur en dus weinig invloed hebben op die cultuur. Het geld dat uitgegeven is, heeft de cultuur niet beïnvloed maar afgewezen. We hebben compleet het tegenovergestelde bereikt van wat we voor ogen hadden.

B. Reistassen en cultuur

Ik ga er vanuit dat Jezus niets tegen reistassen had, helemaal omdat ik er zelf altijd één bij me heb. De reistas, de koffer, de Landrover of het vrachtschip zijn middelen om je spullen mee te nemen. De reistas is een beeldspraak voor al onze culturele bagage, waar we wel en niet van houden, onze voorkeuren, kledingstijl, gewoonten, muzikale smaak, sociale meerwaarden, huwelijksgewoonten, eten, etc... De reistas heeft een directe relatie met de geldbuidel, want als we genoeg geld hebben, kunnen we, waar we ook zijn, onze eigen cultuur creëren. Dat is precies wat we over de hele wereld gedaan hebben. Dit veroorzaakt een dodelijke verwarring in de harten en gedachten van de mensen met wie we Jezus proberen te delen. Wat is het Koninkrijk en wat is onze cultuur? Voor veel mensen is het antwoord op deze vraag hetzelfde! Het is vaak zo dat bepaalde aspecten van een cultuur zowel Westerse als christelijke gebruiken verafschuwen en afwijzen (Jezus verafschuwt ook veel van de Westerse cultuur), omdat Westerse zendelingen Jezus en de Westerse cultuur zo met elkaar verweven, dat ze in hun beleving identiek zijn.

Vroegere Westerse zendelingen stonden erom bekend dat ze mensen leerden om hymnen met perfect taalgebruik en op geweldige muzikale manieren te zingen, in het Nederlands, Duits of Engels. We huiveren misschien van zo'n culturele arrogantie, maar zijn we hier zelf werkelijk vrij van?

We willen nog steeds dat mensen naar ons toekomen. Als we mensen aantrekken om in onze wereld te komen, in onze cultuur, waar wij comfortabel zijn en waar wij alles in de hand hebben, neigen we ernaar iets te doen wat Jezus nadrukkelijk verboden heeft, namelijk om een proseliet te creëren (Matteüs 23:15).

Een proseliet is iemand die eruit ziet zoals wij, praat zoals wij, bidt zoals wij en zich doorgaans aan de geschreven en ongeschreven regels van onze geestelijke gemeenschap houdt. De nadruk ligt op uiterlijk en publiek vertoon. Onze kerkculturen zitten vol met mensen die er allemaal naar neigen om er hetzelfde uit te zien, hetzelfde te bidden en aanbidden, en met elkaar houden ze zich aan dezelfde regels wat betreft sociaal gedrag. Er zijn misschien een aantal gemeenschappen waar formele kleding de norm is, waar het dragen van make-up zonde is of waar je informeel gekleed moet gaan om geaccepteerd te worden. Uiterlijk conformisme, oftewel uiterlijke volgzaamheid, wordt misschien beloond door openlijke acceptatie en goedkeuring, maar onder de

oppervlakte speelt vaak de rivaliteit om positie, het verlangen naar uitmuntendheid, jaloezie, roddel en verborgen zonden.

Eugene Peterson schrijft het volgende over deze dynamiek in zijn
vertaling van Galaten 4:17:

> *"Die afvallige onderwijzers doen er alles aan om je te vlijen, maar hun motieven*
> *zijn verdorven. Ze willen je buiten de vrije wereld van Gods genade sluiten, zodat*
> *je altijd afhankelijk zal zijn van hun goedkeuring en richting, wat hen het gevoel*
> *geeft dat ze belangrijk zijn."*[27]

Het is bijna onontkoombaar dat sterk uiterlijk conformisme aan wettische gedragsvoorschriften, hoge verwachtingspatronen met betrekking
tot uiterlijk vertoon en veeleisende publieke geestelijke activiteiten een
dekmantel worden voor verborgen zonden. We leven of uit genade of
uit menselijke afhankelijkheid (verslaving)!

De ontwikkeling zou er zo uit kunnen zien. Iemand was verslaafd aan
drugs en/of een gevaarlijke manier van leven. Hij begon alles te doen om
maar geaccepteerd te worden in een bepaalde groep. Hoe gekker of hoe
gevaarlijker mensen doen, hoe meer de groep hen bewondert en
accepteert. In de loop van de tijd worden ze die manier van leven misschien zat en gaan ze op zoek naar iets nieuws. Ze hebben een oprechte
bekeringservaring en veranderen hun manier van leven volledig. Maar als
ze de behoefte om geaccepteerd te worden niet kunnen vinden in God
de Vader, worden ze gemakkelijk gemanipuleerd en zullen ze binnen
korte tijd in de molen zitten van performance, geestelijke activiteiten en
uiterlijk conformisme. Ze zullen hun kledingstijl veranderen. Ze zullen
hun geld geven. Ze zullen alle samenkomsten bijwonen. Ze genieten van
de aanvaarding en de goedkeuring die ze krijgen voor hun trouwe en
toegewijde gedrag. Maar na een tijdje zullen ze zich gebruikt voelen. Ze
zullen uit pijn en bitterheid reageren en mogelijk vervallen ze weer in
oude verslavingen. Wat er gebeurde, is dat ze de ene verslaving voor een
andere hadden ingeruild. Ze hadden hun bende-activiteiten omgeruild
voor geestelijke activiteiten. Ze hebben nooit geleerd om uit genade en
de vrije liefde van God te leven.

Een sterk verlangen om geaccepteerd te worden en goedkeuring te
krijgen van mensen die gezien worden als gezaghebbend en geestelijk,
en het verlangen om in de gemeenschap als net zo geestelijk gezien te
worden, kan heel veel energie geven die aanzet tot gedragsverandering

---

[27] Eugene Peterson, *The Message* bijbel, Navpress, 1994.

en uiterlijke conformisme. Dit is het ontstaansproces van een proseliet die de hele reistas van uiterlijke gedragingen overneemt, maar wiens hart nooit gegrepen is door Jezus.

Het punt is verandering van het hart. Weer citeer ik Eugene Peterson, maar dit keer uit zijn introductie van het boek Galaten.

> *"Paulus leerde door Jezus dat God geen onpersoonlijke macht was die gebruikt kon worden om mensen zich op een bepaalde voorgeschreven manier te laten gedragen, maar dat Hij een persoonlijke Verlosser is die ons vrijmaakt, zodat we het leven in vrijheid leven. God dwong ons niet van buitenaf, maar maakte ons vrij van bin-nenuit."*[28]

Alle geboden van Jezus, samengevat in de bergrede, hebben te maken met hartsgesteldheden zoals het vergeven van de mensen die ons onrecht aangedaan hebben, het goedmaken met iemand die wij onrecht aangedaan hebben en God in de stilte zoeken in plaats van een grote publieke voorstelling te maken van onze geestelijke activiteiten.

God is een eenheid van eerbetoon en vertrouwen tussen de Vader, het Woord en de Geest. Het fundament van het universum is relaties en niet redenatie of wet. Discipelschap gaat in principe niet om de juiste leerstelling, want God is geen theologische computer. Hij is liefde. Zijn universum is relationeel. Discipelschap gaat voornamelijk om relaties vanuit een vrij hart.

We gaan het huis van een zoon des vredes niet binnen met een reis-tas vol persoonlijke culturele waarden, maar met een hart vol liefde, respect en vrijheid. Gods Koninkrijk is in ons. Dat is alles wat we mee mogen nemen! Dat is alles wat we mogen delen. Het doel is om vrien-den te maken, geen proselieten.

C. Sandalen, methodes en Bruchko[29]

Wat heeft Jezus tegen sandalen? Hij droeg ze waarschijnlijk zelf toen Hij dit zei. Ik geloof dat in de context van Lucas 10 sandalen onze manier van doen symboliseren; de manier waarop we bestemming en relatie met Jezus handen en voeten geven.

Het verhaal van Bruce Olsen is enorm inspirerend. Hij was één van de eerste zendelingen onder de Metilone Indianen, een Midden-Amerikaanse

---

[28] Eugene Peterson, *The Message* bijbel, Navpress, 1994.
[29] Bruce Olson, *Bruchko*, ISBN 9780884191339.

stam uit het stenen tijdperk, die hem Bruchko noemde. Hij liep letterlijk de wildernis in en kwam vervolgens in één van hun dorpen, zonder
iets bij zich te hebben. Hij had echt geen geldbuidel of reistas. Hij leefde
met hen alsof hij één van hen was en leerde hun taal. Hij had geen con-
tact met zijn Amerikaanse achterban en had geen benodigdheden,
medicijnen of ondersteuning van dit thuisfront. Verschillende keren
stierf hij bijna door koorts en hij vocht voortdurend tegen parasieten.
Na een aantal jaar bekeerde hij eindelijk een jongeman tot het geloof in
Jezus en hij geloofde dat anderen snel zouden volgen.

Maar hij raakte steeds meer gefrustreerd tegenover zijn eerste
bekeerling, omdat deze alleen al bij de gedachte om zijn geloof te delen
met de rest van de gemeenschap waar hij deel van was, leek te twijfelen
en bleef beweren dat het nog niet de tijd was. Olsen kon niet begrijpen
waarom deze nieuwe discipel weigerde om ook maar iets te delen met
de anderen.

Aangezien de cultuur van deze stam een mondelinge cultuur was,
werd hun geschiedenis doorgegeven door iedere stamgenoot hun leg-
enden uit het hoofd te laten leren en op hun beurt voor te laten dragen
tijdens speciale voordrachtavonden.

Olsen had naar veel van deze voordrachten geluisterd, maar begreep
de betekenis niet, totdat zijn bekeerling hem op een dag vertelde dat het
die avond zijn beurt was om voor te dragen. Die avond omvatte zijn
voordracht ook het verslag van een droom van één van de vroegere oudsten van het dorp. Het was een droom over een man met een lichte huid
die vanaf stapels bananenbladeren hun de waarheid zou komen vertellen
over de Zoon van God. De bekeerling vertelde de droom, interpreteerde
hem en vertelde over de vervulling van de droom in Olsen en de boodschap van de Zoon van God uit de Bijbel. Die avond werden de meesten
in dit kamp volgelingen van Jezus.

Olsen had zijn geldbuidel en reistas achtergelaten, maar hij had zijn
Amerikaanse sandalen nog aan. Hij wilde dat zijn bekeerling persoonlijk
en met ieder individu van de stam zou praten. Zijn bekeerling begreep die
manier van doen niet. Zijn wereld was een mondelinge gemeenschappelijke wereld; niet privé, geschreven en individueel. In de mondelinge
wereld vloeit het nieuwe voort uit de waarheid van het oude en daar is
iedereen bij betrokken. Zijn kijk op tijd was niet Westers. Hij voelde geen
tijdsdruk. Hij wist dat zijn tijd om voor te dragen zou komen.[30]

---

[30] "Bruchko", Bruce Olsen, www.bruceolsen.com.

We neigen allemaal naar etnocentrisme, wat betekent dat je gelooft dat hoe wij denken en hoe wij dingen aanpakken 'normaal' of 'juist' is en hoe anderen dingen doen 'onnatuurlijk' of 'fout' is . Natuurlijk hebben we het niet over de morele waarheden van liefde, het spreken van de waarheid, vergeving, seksuele reinheid en nederigheid. Het Nieuwe Testament is duidelijk over de relationele waarheden van onze relationele God die het voorbeeld is van het hebben van een vrij en puur hart. Maar hoe we uiting geven aan die realiteiten van het hart en hoe we dat vorm geven in ons leven, kan er vanwege de diversiteit van culturen die God, de ultieme kunstenaar, heeft geschapen om van te genieten en van te houden, heel verschillend uitzien.

D. Het verhaal van 'The Camel Track'[31]

Een bepaald land in Zuid-Oost Azië kende de gebruikelijke zendingsactiviteiten al meer dan honderd jaar, aangezien verschillende kerken het land waren ingekomen en er hun compounds, ziekenhuizen, scholen en Bijbelscholen hadden gebouwd. Bedreven onderwezen ze dat degenen die gedoopt waren, hun naam van Arabisch naar Christelijk moesten veranderen en dat ze hun kledingstijl moesten veranderen, zodat ze niet geïdentificeerd zouden worden met de plaatselijke moslimcultuur. Het gevolg was, dat de pas bekeerden weinig tot geen invloed hadden op hun cultuur, omdat ze werkten, leefden, trouwden en hun kinderen opvoedden naar de Westerse maatstaven van hun christelijke gemeenschap. Hun geestelijke leven draaide om gebouwen en deskundige geestelijken. De kerken in het land waren onderverdeeld volgens de richtlijnen van de denominaties van de ondersteunende zendingsbesturen. Volgens sommigen een hele normale situatie! Nadat verschillende zendingsorganisaties honderd jaar in dit land met meer dan honderdvijftig miljoen inwoners gewerkt hadden, waren er zo'n honderdduizend gedoopte gelovigen en was er geen groei meer.

Ongeveer vijftien jaar geleden kwamen twee jonge mannen tot Jezus en ze maakten een paar eenvoudige afspraken. Ze zouden hun naam en kledingstijl niet veranderen. Ze zouden zich niet identificeren met de bestaande Westerse christelijke gemeenschappen. Ze zouden proberen hun cultuur te respecteren en waarheidsaspecten daarbinnen te gebruiken als brug tussen hun cultuur en Jezus.

---

[31] Kevin Greeson, *The Camel Training Manual*, www.churchplantingmovements.com.

Ze ontdekten dat er in de Koran teksten waren die over Jezus spraken. De Surah Al Imran (hoofdstuk 3, vers 42–54) spreekt over Jezus die geboren is uit een maagd, dat Hij wonderen doet, rechtvaardig is, van God komt en terugkeert naar God. Een ander vers leert de gelovigen om het Oude en Nieuwe Testament te lezen voordat ze een ander boek lezen. Hun moslimtraditie sprak over vier boeken die nodig waren voor geloof, de Koran, de Hadith (overleveringen), en het Oude en Nieuwe Testament. Ze ontdekten dat er, door het gezamenlijk lezen van de Koran en vragen te stellen naar aanleiding van die tekstgedeelten, zonen des vredes opstonden die nog meer vragen stelden, om het Nieuwe Testament vroegen, hen uitnodigden in hun huis en tenslotte vroegen om volgelingen van Jezus te worden door de doop.

Toen aan de twee jonge mannen gevraagd werd wat ze van Mohammed vonden, citeerden ze de Koran waarin Mohammed zegt dat hij slechts een zoeker naar waarheid is en dat hij alleen maar naar de waarheid verwijst. Als er naar Jezus gevraagd werd, verwezen ze naar het vers waarin gesproken wordt over Jezus die naar God terugkeert. De Koran verklaart dat Jezus nooit gestorven is, in tegenstelling tot Mohammed die wel gestorven is. Hier heb ik verder niets aan toe te voegen! Ze gingen onenigheid over wat zij dachten uit de weg en maakten gebruik van het respect dat de cultuur voor de Koran heeft en lieten de Koran spreken.

Er ontstonden gemeenschappen van discipelen bij mensen thuis, in theehuizen en op het werk. Toen een aantal van de traditionele gelovigen van deze beweging hoorden, deden ze het af door te zeggen dat dit onmogelijk was. Ze zeiden dat deze nieuwe discipelen hun geloof niet zouden behouden en dat het te moeilijk voor hen zou zijn om buiten de bescherming van de christelijke gemeenschap te leven. Ja, er waren veel uitdagingen, maar deze beweging bestaat nu uit meer dan één miljoen gedoopte gelovigen en groeit nog steeds. Vergeleken met de traditionele zendingsbewegingen is dat tien keer zoveel discipelen in een tiende van de tijd die zij nodig hadden![32]

Dit is een hele andere manier van werken in vergelijking tot die van de zendelingen die zoveel opgegeven hadden om het werk van het Koninkrijk in dat land te beginnen. Ja, de christelijke zendelingen waren toegewijd en werkten hard, maar ze hadden hun geldbuidel en reistas bij zich en hielden hun sandalen aan. Voor sommige van hen is het nog steeds

---

[32] 'The Camel Training Manual', Kevin Greeson, www.churchplantingmovements.com.

moeilijk te geloven dat het voor Jezus mogelijk was om in dat land te werken, zonder hun leiderschap en buiten hun denkpatronen om.

E. Begroetingen en bestemmingen

Waarom zouden we onderweg niemand groeten? Het lijkt onvriendelijk en niet-relationeel. Het lijkt tegenstrijdig, aangezien we bezig zijn met het ontmoeten van zonen des vredes.

> *"Daarna stelde de Heer tweeënzeventig (andere handschriften lezen zeventig) anderen aan, die Hij twee aan twee voor zich uit zond naar iedere stad en plaats waar Hij van plan was heen te gaan."* Lucas 10:1

Deze tweeënzeventig mochten niet zomaar rondtrekken en elk dorp ingaan. Ze mochten alleen daar gaan waar Jezus ging! Jezus had een strategisch plan en het was aan hen om dat plan ten uitvoer te brengen. Jezus was er duidelijk over dat Hij alleen deed wat Hij de Vader zag doen (Johannes 5:19) en zei wat Hij de Vader hoorde zeggen (Johannes 12:49–50). Hij diende vanuit de diepte van Zijn relatie met Zijn Vader. Hij ging niet alleen maar in op menselijke nood. Ja, wat we voor één van de onaanzienlijkste van onze broeders of zusters doen, doen we voor Jezus. Ja, Matteüs 25 en Jesaja 58 zijn bevestigingen en maatstaven in alles wat we doen, maar er waren heel veel mensen in Israël die Jezus niet genas. Veel doden werden niet opgewekt. Er waren veel mensen die honger leden maar niet te eten kregen. Jezus wandelde in navolging van Zijn Vader in de realiteit van menselijke nood. Er waren veel Samaritaanse dorpen waar Hij niet naartoe ging, maar één bezocht Hij, terwijl Hij zich voedde met de wil van Zijn Vader (Johannes 4:34).

Menselijke nood kan overweldigend zijn en verwoestend. Als we hier alleen vanwege de nood op ingaan, zullen we opbranden, boos worden op iedereen die niet ziet wat wij zien en vervolgens boos op God zijn, omdat Hij niet meer voorziet. We trekken niet rond in een poging om behoeften te vervullen. We moeten weten wat God zegt, zien wat Hij doet en met Hem wandelen in die realiteit. Deze wereld en deze kerk zijn niet van jou! Deze wereld is van de Vader en de kerk is van Jezus Christus.

> *"Dus wij zijn medewerkers van God en u bent Zijn akker. U bent een bouwwerk van God. Overeenkomstig de taak die God mij uit genade heeft opgelegd, heb ik als een kundig bouwmeester het fundament gelegd en anderen bouwen daarop voort. Laat ieder erop letten hoe hij bouwt."* 1 Korintiërs 3:9–10

Paulus wist dat Hij samenwerkte met God en als een kundig bouwmeester kende hij zijn beperkingen. Hij legde de fundamenten en liet anderen daarop voortbouwen! Het is Gods veld en Gods bouwwerk. Je kunt niet alles doen. Houd je ogen gericht op wat jij gekregen hebt om door genade te doen, en doe dat goed.

Het middelpunt is niet menselijke nood en het welzijn van de mens. Dat is humanisme. Het middelpunt is God en Zijn eer. Dat is Jezus volgen.

Veelgestelde vragen

1. **Als je als gelovige in de cultuur leeft die je beschreef, is er dan niet de valkuil van syncretisme, de versmelting van aspecten van die cultuur en haar geloofssysteem met de aspecten van het Nieuwe Testament?**

Ja, dat is altijd een gevaar. Maar we zijn erg goed in het zien van datgene wat in een andere cultuur misschien niet rechtvaardig is als deze verweven is met het evangelie van het Koninkrijk, maar wat betreft ons eigen syncretisme hebben we vaak een blinde vlek.

Sommige mensen uit het Westen storen zich er misschien aan als een gelovige met een moslim-achtergrond vijf keer per dag bidt of zich houdt aan de vastentijden van de Moslims, zelfs als hij duidelijk tot Jezus bidt, naar Jezus opziet in alles wat hij doet, en zijn leven riskeert door dit te doen. Ik maak me echter meer zorgen om Westers materialisme, zelfzucht en gierigheid waar mensen zich mee inlaten, waardoor een groot deel van de kerk een welvaartscultus is geworden.

Ik maak me meer zorgen over hoeveel mensen geaccepteerd hebben dat onze cultuur de nadruk legt op gaven, persoonlijkheid, beroemdheid en privileges, waardoor grote delen van de kerk in persoonlijkheidsculten zijn veranderd. We hebben gierigheid omgedoopt tot goddelijk verlangen en zelfzuchtige levensstijlen tot Gods zegeningen.

2. **Als je helemaal geen geld meeneemt, hoe kun je dan barmhartigheid tonen onder de armen? Is dat geen deel van onze opdracht?**

Ja, we zamelen geld in voor twee doeleinden: om apostolische teams uit te zenden en de armen te helpen. Dat is deel van onze opdracht.

Maar de vraag is hoe we die opdracht vormgeven. Wat denk je dat de beste manier is om wezen op het platteland te helpen? Zou je instellingen moeten bouwen volgens Westerse maatstaven, die voortdurend met Westers geld en Westerse deskundigheid bestuurd moeten worden? Of zou je de plaatselijke gezinnen moeten helpen, en hen leren om wezen in hun gezin op te nemen? In Westerse weeshuizen zouden ze douches hebben, warm water en wc's die doortrekken, terwijl in de plaatselijke gezinnen geen sanitaire voorzieningen in huis zijn. Wat zou het beste zijn?

Westerse instellingen kosten veel geld en kunnen maar een paar wezen van de bevolking helpen. Het vereist veel deskundigheid en dus is het moeilijk om uit te breiden. De lokale bevolking kan zo'n instelling niet leiden of uitbreiden als een manier om voor de wezen te zorgen in hun dorpen en steden. Het is gecompliceerd en er zijn hulpmiddelen nodig die ze niet hebben. Dit soort instellingen versterkt de armoede, het onvermogen en afhankelijkheid van de plaatselijke bevolking. Ze creëren vijandschap. Ook vormen ze kinderen die niet in staat zijn om in hun plaatselijke gemeenschappen te leven; ze willen nu een Westerse manier van leven en Westerse kansen.

Wat als we de plaatselijke gezinnen helpen om in hun eigen huizen voor hun eigen kinderen en wezen te zorgen? Hoe ziet dat eruit? Misschien ziet het er wel hetzelfde uit als wat een paar vrienden in Kenia doen. Ze helpen een plaatselijk gezin door fietsen aan hen te geven, zodat ze geld kunnen verdienen als 'fietstaxi' en ze nemen twintig kinderen in huis. De kinderen leven zoals elk ander kind in die cultuur en dit model is eenvoudig en vermenigvuldigbaar in de cultuur. Het geeft hoop om werkelijk aan alle wezen in die cultuur onderdak te bieden, omdat het vermenigvuldigd kan worden met plaatselijke hulpmiddelen. Dit model inspireert, zet creativiteit vrij en ontwikkelt onafhankelijkheid.

We zouden nooit voldoende Westerse weeshuizen kunnen bouwen en voldoende personeel kunnen aannemen om aan de nood tegemoet te komen, dus waarom blijven we projecten opstarten die financieel en deskundig zo intensief zijn? Ze geven ons aanzien. Ze geven ons een gevoel van macht. En ja, deze manieren van werken zijn aan het veranderen, maar op veel gebieden hebben we nog een lange weg te gaan. We moeten plaatselijk denken, eenvoudig, vermenigvuldigbaar, creatief, duurzaam en inspirerend.

3. Hoe zit het met behoeften waaraan je niet tegemoet kan komen?

Vertrouw je dat God behoeften op een veel diepere manier ziet dan jij? Bid je voor de arbeiders in het veld? Bid je voor de vermenigvuldiging van beperkte hulpmiddelen? Bid je voor creatieve, nieuwe ideeën om problemen op te lossen? Zoek je strategische relaties met mensen die verschillende roepingen, gaven en hulpmiddelen hebben? Is je huis open voor hen? Of beperk je God met wat jij kan doen?

Brazilië heeft een probleem met straatkinderen. Deze kinderen gebruiken drugs, snuiven lijm en stelen om in leven te blijven. Er zijn situaties bekend dat de politie hen neerschoot alsof het straathonden waren. We hebben vrienden die voor deze kinderen een thuis creëren door huizen te bouwen waar tien tot twaalf kinderen kunnen wonen met hun adoptieouders. De huizen zijn geweldig, maar duizenden kinderen leven nog steeds op straat. Een kerkgenootschap in Brazilië heeft de overheid gevraagd om iets te doen aan de straatkinderenproblematiek. Is het echt de verantwoordelijkheid van de overheid om hier iets aan te doen? Onze vriend vertelde ons dat als elke leider van een evangelische kerk in Brazilië een kind zou adopteren, er geen kinderen op straat zouden zijn.

Word je geconfronteerd met noden waaraan je niet tegemoet kan komen? Volg dan het advies op van moeder Teresa: begin met dat wat voor je ligt. Doe wat je kan doen, en richt je niet op dat wat je niet kan doen.

4. Hoe weet je waar God je heen stuurt? Jezus stuurde de discipelen naar bepaalde steden. Hoe weten we nu waar we heen moeten gaan?

We moeten luisteren en handelen. Dat is waarom de apostelen en profeten het fundament van de gemeente zijn. We kunnen heel veel goede ideeën hebben, maar luisteren we? Herkennen we de taal van dromen en visioenen zoals Petrus in Handelingen 10 of Paulus in Handelingen 16? Herkennen we de mogelijkheid om relaties aan te gaan en herkennen we de door God geleide ontmoetingen zoals Paulus deze had in Handelingen 18:1-3?

Luisteren we naar de langdurige verlangens van ons hart? Wat heeft God in je gelegd? Waar droom je van, waar bid je voor, waar denk je over na? Waar heb je geloof en genade voor? Ben je bereid om daar waar je nu bent te beginnen?

Hoofdstuk 5

JOUW VREDE EN DE ZOON DES VREDES

"Als jullie een huis binnengaan, zeg dan eerst: "Vrede voor dit huis!" Als er een zoon des vredes[33] woont, zal jullie vrede met hem zijn; zo niet, dan zal die vrede bij je terugkeren."

Lucas 10:5–6

A. Vrede zij met u

De standaard begroeting in veel moslimculturen is: "Assalamu alaikum!", wat betekent: "Vrede zij met u". De reactie daarop is: "Waalaikum assalaam", "En vrede zij met u". Dat is precies wat Jezus zegt. Hij is een Oosterse man in een Oosterse cultuur.

Weet je wel dat je een ambassadeur van het Koninkrijk bent en dat je de aanwezigheid van de Koning overal bij je draagt? Ben je je bewust van de autoriteit die je als ambassadeur hebt om vrede te brengen? Breng jij een vrede die op het huis zal rusten? Ga je nieuwe situaties met vrede of met angst tegemoet?

Ervaren de mensen die Jezus nog niet kennen dat je hen accepteert en breng je vrede in plaats van veroordeling? Onze Meester werd 'de vriend van zondaars' genoemd. Zijn wij diezelfde naam waard? Prostituees zochten Hem op, omdat ze wisten dat Zijn bedoelingen richting hen rechtvaardig waren en dat Hij hen accepteerde. Tollenaars voelden zich op hun gemak bij Hem, omdat ze wisten dat hij hen niet veroordeelde.

De eerste prioriteit is om vrede te brengen. Soms vinden we het bijna leuk om een confrontatie, afstand of afwijzing te krijgen van anderen, omdat het ons veroorlooft om te zeggen dat we geprobeerd hebben te getuigen maar afgewezen zijn. De geest van religie is trots op vervolging en confrontatie omtrent woorden. Maar kan het zijn dat ze onze methode afwijzen, en niet Jezus? Onze eerste opdracht is om vrede

---

[33] NBG: vredelievend mens.

43

te brengen. De Waarheid draagt jou. Jij hoeft de Waarheid niet te dragen! Ontspan in Zijn armen. Jezus, de Weg, de Waarheid en het Leven kwam als een vriend die ernaar verlangde om te dienen. Je bent niet de verdediger van de Waarheid, maar de Waarheid verdedigt jou. Vrede zij met u!

B. Vind de zoon des vredes

De reden waarom iemand zoon des vredes genoemd wordt, is omdat hij een zoeker is. God heeft in zijn hart gewerkt en we moeten ontdekken waar God aan het werk is. We moeten ontdekken waar Jezus gaat komen. Hoe vinden we zo'n persoon?

De broeders die de 'Camel Track'[34] voor het eerst uitvoerden, gingen soms naar een moskee en vroegen dan of ze daar met de mannen de Koran mochten lezen. Ze lazen uit de Surah, 'De Vrouw', en begonnen vragen te stellen over de betekenis. Ze stelden hun vragen om meer vragen op te roepen; vragen die vaak leidden naar vragen over Jezus en de 'Ningel', het Nieuwe Testament. Soms werden ze voor nog een gesprek terug gevraagd. En soms volgde een man hen naar buiten en vroeg hij hen om naar zijn huis te komen en een Nieuw Testament mee te nemen. Ze hadden dan soms een aantal gesprekken met hem en werden dan weer bij hem uitgenodigd. Als ze dan bij hem binnenkwamen, troffen ze een huis vol familie en vrienden aan en kregen ze de instructie 'Vertel hun nu alles wat je mij verteld hebt.'

Dromen en visioenen zijn zo gewoon onder zoekende moslims.[35] Simpelweg vragen of ze dromen of visioenen hebben gehad, is een manier om een gesprek aan te gaan. Als die persoon een visioen van Jezus heeft gehad, zijn ze misschien heel erg verbaasd over die vraag, maar ze zullen waarschijnlijk nog verbaasder zijn als je hen vraagt of het visioen van een man was in schitterende kleren tot wie ze zich bijzonder aangetrokken voelden.

Als je een zoon des vredes vindt, zal je vrede op het huis rusten. Zo niet, dan zal je vrede naar je terugkeren zodra je weer verder gaat. Deze zalving, deze aanwezigheid van de Heilige Geest, deze vrede is krachtig en een groot deel van het getuigenis dat je brengt. Als je een zoon des vredes vindt, zal hij de vrede die je brengt herkennen en dan is het zijn deel om zijn hart en huis voor jou te openen. Ja, dit vraagt om wat

---

[34] Zie hoofdstuk 4, pagina 44.
[35] Jim Rutz, *Mega Shift,* Colorado Springs, Colorado, Empowerment Press, 2005, p. 79.

sociale vaardigheden en natuurlijk moeten we wijs zijn, maar het werkt niet vanwege mensenkennis en training. Het werkt omdat God in hen en door jou heen werkt. Jezus noemt deze beweging een beweging van vrede. Wat een machtig werk, dat God daar waar natuurlijk gezien verdeling of zelfs haat is, vrede in de harten van mensen geeft.

Een zoon des vredes is misschien wel de eerste bekeerling in een dorp of sociale groep. Hun getuigenis is misschien wel uitzonderlijk en kan openheid creëren voor het dorp of de groep om Jezus aan te nemen. Dat is wat er gebeurde met de vrouw bij de bron in Johannes 4, en met de bezetene in Marcus 5:19.

Een zoon des vredes is misschien wel de meest invloedrijke persoon in zijn of haar sociale omgeving. Er komen veel getuigenissen uit Noord-Afrika van moslimleiders die volgelingen van Jezus worden en vervolgens de rest van de moskee aanmoedigen om ook volgelingen van Jezus te worden. Deze invloedrijke persoon van vrede is zowel deel van het verhaal van Petrus en het huis van Cornelius in Handelingen 10, als van het verhaal van Paulus en Silas en de bekering van de gevangenbewaarder van Filippi in Handelingen 16. In beide gevallen werden 'hij en zijn gezin gedoopt'.

De zoon des vredes is dan misschien de eerste bekeerling, maar het zou je doel moeten zijn om de hele familie in één keer gedoopt te zien worden. We zijn vaak te snel met dopen, waardoor we familieleden van elkaar scheiden. Je zou er beter aan doen om een verkennende Bijbelstudie te doen met het hele gezin, hen aan te moedigen om volgelingen van Jezus te worden en hen als groep te dopen. Op die manier is het vieren van de doop ook het vieren van het planten van de gemeente.

Veelgestelde vragen

1. Hoe zit het met de zoon des vredes in stedelijke en westerse culturen?

We hebben verschillende gesprekken gehad over het vinden van een zoon des vredes in een stedelijke of westerse cultuur. De context van Lucas 10 is duidelijk oosters en landelijk, waarbij drie generaties en gezinnen van verschillende broers en zussen plus hun bedienden een huishouden van twintig tot veertig leden vormden. Met deze mensen samenleven en de zoon des vredes onderwijzen om een voorganger te worden van zijn familie en vrienden en dat vervolgens te zien vermenigvuldigen door hun gezinspatronen heen, gebeurt momenteel heel veel in culturen in de derde wereld. Deze patronen verspreiden zich als een lopend vuurtje en vermenigvuldigen de bewegingen van gemeentestichters.

Hoe passen we deze principes van Lucas 10 toe in de stedelijke of westerse wereld, waar de norm niet bestaat uit aangetrouwde familie en relaties, maar uit individualisme en versplintering.

Overstijgt het onderwijs van Jezus in Lucas 10 alle grenzen? Natuurlijk, want we hebben het hier over Jezus! In het Westen is het vaak zo dat onze 'families', de mensen met wie we de meeste tijd doorbrengen, allemaal tot verschillende sociale groepen behoren, elk met verschillende belangen. Het probleem zit hem niet in de oogst. Wacht je er nog steeds op dat de oogst naar jou toekomt? Onthoud goed dat Jezus nooit heeft gezegd dat het zo zou gaan! Hij gaf ons de opdracht om te bidden voor arbeiders die zouden gaan en Hij zal je uitzenden als antwoord op je eigen gebed. Laat ik een paar eigentijdse westerse voorbeelden geven.

De teamleider van een multifunctionele bediening in Engeland werd lid van de plaatselijke cricketclub en raakte in alle opzichten betrokken bij de club. Het gevolg? Diverse leden zijn gedoopt als volgelingen van Jezus.

Een vriendin in Duitsland kreeg duidelijke instructies van God om naar haar plaatselijke bar te gaan. 'Heer, ik ben nog nooit in mijn leven naar een bar geweest en waarom nu?' Ze ging en voelde zich geleid om bij een tafel aan te schuiven waar verschillende esoterische, spirituele vrouwen bij elkaar zaten voor hun wekelijkse bespreking. Ze vonden het goed dat ze aan hun gesprek deelnam. Nadat ze een aantal weken had geluisterd en voorzichtig wat vragen had beantwoord, werd ze uitgenodigd om een hele avond te vertellen over haar relatie met Jezus. Dat deed ze in dat interessante huis van vrede. Het gevolg was een barbecue samen met de echtgenoten en ze kwamen erachter dat één van de mannen de Bijbel had gelezen en zich afvroeg 'Als er ook maar iemand was die me dit kon uitleggen?'

Een andere Duitse vriend begon in een stadspark tijd door te brengen met dak- en thuislozen, punkers en andere mensen die aan de rand van de samenleving leven. Het gevolg? Verschillende gedoopte volgelingen van Jezus en een gemeenschap van Jezus in het park. Eén van hen heeft een verschrikkelijk verhaal van misbruik in zijn jeugd en leefde al vijftien jaar op straat.

Wil je voorganger worden? Waarom word je dan niet de voorganger (nou ja, coach/trainer) van het voetbalteam van je zoon?

Een goede vriend van me deed dat en ontmoette een vader met wie hij zich verbonden voelde. Op een bepaald moment kwam die vader niet meer naar de trainingen en wedstrijden van zijn zoon. Mijn vriend bleef bellen, maar de vader nam nooit op, tot op een dag vlak voor kerst. Hij nam de telefoon op en begon te vertellen dat hij zich compleet wanhopig voelde en dat hij op het punt stond om zelfmoord te plegen. Dat was het eerste gesprek van vele die nog volgden, en nu zijn de vader en zijn vrouw volgelingen van Jezus.

In Dushanbe, Tajikistan ontmoetten we Peter, die een bediening aan het starten was. Hij maakte reclame voor deltavlieglessen, waarbij het gebruik van de uitrusting gratis was. De jongens daar houden van avontuur en, net als overal ter wereld, van een uitdaging. Ze hebben daar alleen weinig middelen en nog minder mogelijkheden. Peter creëert zijn eigen deltavliegende huis van vrede onder de jongens.

In de stad New York bestaat in de Spaanssprekende cultuur een beweging, te midden van de zogenaamde 'contactgroepen'. Mensen die enthousiast over Jezus zijn, nodigen vrienden, familie en collega's uit in hun huis of restaurant. Daar eten ze met elkaar, kijken een film en bidden voor de zieken. Doordat mensen tot Jezus komen, kunnen deze contactgroepen huisgemeenten worden en worden er vervolgens weer nieuwe contactgroepen gevormd.

Eén van de beste initiatieven wat betreft het stichten van simple churches in stedelijke gebieden, is het boek van Neil Cole genaamd *Organic Church: Growing Where Life Happens*.[36]

In stedelijke en westerse gebieden neigt een huis van vrede ernaar om òf een sociale groep òf een belangengroep te zijn. Deze groepen kunnen variëren van welgestelde zakenmannen tot nieuwe immigranten. De Heilige Geest is de meeste creatieve Persoon in het universum, dus waarom lijkt zo'n groot deel van de kerk geen verbeeldingskracht te hebben? Bevraag Hem. Droom met Hem. Geef samen met Hem handen en voeten aan het avontuur van geloof en liefde.

Vind je zoon des vredes.
Je bestemming is waar je oogst is.
Je oogst is waar je bestemming is!

---

[36] *Organic Church: Growing Where Life Happens.* Wiley Press, 2005.

Hoofdstuk 6

HET MANDAAT VOOR ETEN EN DRINKEN

"Blijf in dat huis, en eet en drink wat men je aanbiedt, want de arbeider is zijn loon waard. Ga niet van het ene huis naar het andere. En als jullie een stad binnengaan en daar welkom zijn, eet dan wat je wordt voorgezet."

Lucas 10:8–9

A. Relationele integriteit en vermenigvuldiging

Als je eenmaal een huis van vrede vindt, blijf daar dan. Of, zoals Peterson in de Message vertaling zegt: 'Ga niet van het ene naar het andere huis om de beste kok in de stad te vinden.' Als je eenmaal een huis van vrede gevonden hebt, houd dat huis dan in ere. Laat relationele integriteit, trouw en vriendschap zien. Als God je daarheen geleid heeft, zorg dan dat je ieder misverstand en elke moeilijkheid het hoofd biedt. Los situaties op.

De opdracht om in dat huis te blijven is gekoppeld aan de opdracht van Jezus om discipelen voort te brengen; om iedereen te onderwijzen de geboden van Jezus te gehoorzamen. We tellen geen officiële bekeringen. Je verbondenheid met een huis van vrede is niet een eenmalige gebeurtenis. Het is voor de lange termijn! Blijf relationeel verbonden met mensen, verlaat hen niet totdat het discipelschap voorbij is en blijf ook daarna vrienden. Leer hen om de voorganger te worden van hun gezin en van vrienden in hun eigen huis. Een nieuwe vriend voelt zich misschien vrij om bij je langs te komen, maar zijn familie en vrienden niet. Je wilt geen mensen om je heen verzamelen. Je wilt nieuwe huizen bezoeken en jouw zoon des vredes hetzelfde leren. Je verlangt naar vermenigvuldiging. In je eentje kun je alleen maar groei door toevoeging zien, maar als jouw discipelen hetzelfde doen, begin je vermenigvuldiging te zien.

Bij de vierde generatie heb je het overzicht niet meer, maar de sleutel is om duurzame relaties te vermenigvuldigen.

Jezus had twaalf discipelen en Hij bleef drie jaar bij hen. Hij bleef de grote menigten wegsturen, vooral toen ze Hem koning wilden maken. Hij goot Zijn leven als het ware uit in deze twaalf discipelen. Hij voegde geen mensen toe aan deze twaalf, omdat hij de kwaliteit van de relatie die Hij met hen had niet wilde laten verslappen. Ik heb veel getuigenissen gehoord van de intieme, vreugdevolle vriendschap waar mensen van genieten als ze een huisgemeente beginnen. Ze groeiden en hadden al snel het idee dat ze een gebouw nodig hadden. En met dat ze groeiden, raakten ze de kwaliteit van die eerste relaties kwijt. In plaats van vriendschappen ontstonden er programma's en hoewel ze succesvol werden in aantal, raakten ze hun eerste liefde kwijt. Dit is het gevolg van groei door toevoeging.

Jezus liet de kwaliteit van Zijn relaties niet beperken door anderen deel te laten zijn van deze groep van twaalf. Je kunt je voorstellen dat anderen er deel van wilden zijn, maar Hij liet hen niet toe. Als elk van de twaalf discipelen op dat moment hun eigen groep discipelen had gehad, konden deze groepen van dezelfde vriendschapskwaliteiten genieten. Groei ontstaat door vermenigvuldiging en door het vrijzetten van nieuwe generaties discipelen. Dit is niet een of ander top-down marketingprogramma dat op verschillende niveaus functioneert, maar een natuurlijke uiting van gezond relationeel leven. Dit is lange termijn werk, laagdrempelig en relationeel. Dit is geen evenement, niet opgehemeld en geen 'performance'. Evenementen en programma's brengen geen discipelen voort. Alleen discipelen kunnen discipelen voortbrengen.

B. Eten en drinken, acceptatie of je plek vinden, gedrag en geloofsovertuiging

Wij hebben gemerkt dat elke cultuur op een bepaalde manier hetzelfde is. Als je met nieuwe vrienden eet, vragen ze zich altijd bezorgd af wat je van het eten vindt. Waarom? Als je het eten lekker vindt, laat je zien dat je van hun cultuur geniet en deze accepteert. Je laat zien wat je wel en niet waardeert, wat je van hun cadeautjes vindt en uiteindelijk wat je van hen vindt.

Deze opdracht om te eten en te drinken wat je voorgeschoteld krijgt, is ongehoord binnen een conservatieve Joodse cultuur, waarin veel 'onrein' is en dus verboden om te eten. Eten wat je voorgeschoteld krijgt? Dit was een culturele tweestrijd waardoor Petrus drie keer een hele duidelijke droom nodig had om dit te begrijpen en zich hier overheen te zetten. Door die droom was hij uiteindelijk bereid om onrein voedsel te eten met de heidenen in het huis van Cornelius (Handelingen 10) en vervolgens deze beslissing te verdedigen tegenover de andere apostelen (Handelingen 11).

Kijk eens naar de volgorde in Lucas 10:7–9. We moeten eten, dienen en dan het Koninkrijk verkondigen. Met elkaar eten toont aanvaarding, maar in de cultuur van toen speelde dat een nog veel grotere rol. Om brood met elkaar te breken, betekende dat je vrienden voor het leven werd. Jezus herhaalt de opdracht wat betreft eten twee keer. Vervolgens moeten we dienen en dan verkondigen dat 'het Koninkrijk van God gekomen is'.

Anders gezegd gaat het hier allereerst om het vinden van je plek: vriendschap en gemeenschap. Dan komt het gedrag: dienen, voorzien in behoeften. En tenslotte komt geloofsovertuiging: waarheid en de communicatie van het Koninkrijk wat weer bestaat uit het vinden van je plek, gedrag en geloofsovertuiging.

De meeste van de traditionele evangelische gemeenschappen hebben deze drie aspecten omgedraaid. We hebben geprobeerd om mensen onze versie van de waarheid voor te schrijven, hen hetzelfde te laten geloven als wij en hen vervolgens zich te laten gedragen zoals wij. En als ze dat doen, accepteren we hen en staan we hen toe om een plekje te hebben. Onze aanvaarding is de beloning die we aan anderen geven wanneer ze geloven zoals wij en zich gedragen zoals wij dat willen.

Jezus was niet zo. Hij ging naar het huis van Zacheüs en door deze tegenstrijdige culturele acceptatie en vriendschap, kreeg Zacheüs de overtuiging en genade om zijn gedrag te veranderen.

De eerste voorwaarde om een goede apostel te zijn is niet een lange academische training, maar dat je iemand bent die in staat is om te genieten van allerlei verschillende mensen en met hen kan eten en te drinken! Hoe ziet jouw opleidingsprogramma eruit?

C. Je loon waard zijn en andere zaken rondom verantwoordelijkheden

Over geld praten in een bepaalde cultuur, economische groep en taal is al moeilijk genoeg, maar als je daar ook nog *verschillen* in cultuur, economie en taal aan toevoegt, heb je echt een probleem. Als we crossculturele relaties proberen op te bouwen, is er geen onderwerp dat zoveel problemen veroorzaakt als het onderwerp 'financiën'.

Jezus geeft ons inzicht in hoe je die problemen kan voorkomen. Hij zegt dat jij, als degene die uitgezonden is, afhankelijk bent van de gastvrijheid van het huis van vrede. Jij als de arbeider bent je loon waard. Dit heeft alles te maken met verantwoordelijkheid en als je je verantwoordelijkheid niet meteen vanaf het begin op je neemt, zul je dat waarschijnlijk nooit doen.

Als iemand met meer middelen bij een ander komt die daar minder van heeft, gebeurt het vaak dat degene met minder afhankelijk wordt van degene met meer. Afhankelijkheid richt integriteit, persoonlijk eergevoel en zelfrespect te gronde. We moeten geen afhankelijke relaties creëren. In Johannes 15 keek Jezus naar Zijn twaalf discipelen en Hij noemde hen vrienden. We willen geen slaaf zijn of met slaven werken. We willen geen projecten zijn. We willen vrienden zijn en behandeld worden als vrienden.

Maar vrienden willen anderen niet tot last zijn en willen niet dat andermans kinderen te kort komen. Tegelijkertijd geven vrienden dingen voor elkaar op en die opoffering is in elke cultuur een eer. Een test om een huis van vrede te herkennen is door te letten op gastvrijheid. Zullen ze de verantwoordelijkheid op zich nemen om te zorgen voor zowel degene die naar hun huis gezonden is als voor hun eigen familie en vrienden? Zijn het mensen die geven?

Jezus zegt heel duidelijk dat de enige verantwoordelijkheid van het huis van vrede is om te voorzien in de dagelijkse behoeften van degene die gezonden is. Dit staat in schril contrast met religie, die altijd de menigte onderdrukt en afzet. Religie bouwt tempels en geeft kantoren, auto's, huizen en land aan haar priesters. Of de mensen nu arm zijn of rijk, ze worden onderdrukt vanwege geld. Ze krijgen te horen dat ze vervloekt zullen zijn als ze niet geven, en gezegend zullen worden als ze wel geven. De Oud Romeinse kerk verkocht aflaten voor zegeningen in het hiernamaals, terwijl wij moderne mensen zegeningen in het hier en nu verkopen. Religie heeft altijd zegeningen te koop! Religie houdt er altijd schuld en vervloeking op na voor degenen die de zegeningen die in de aanbieding zijn niet kopen. Religie houdt mensen in armoede. Door deze norm is veel van wat wij de gemeente van Jezus Christus noemen, een verheerlijking van geld geworden die van geen enkele andere religie verschilt.

Jezus zei tegen Zijn discipelen dat ze om niet gekregen hadden en dus om niet moesten geven. Het Koninkrijk van God is om niet gegeven en ontvangen. Waar we anderen *mee* winnen, is waar we anderen *voor* winnen. Winnen we hen met het Koninkrijk? Dan zullen ze in het Koninkrijk leven. Winnen we hen met rijst? Dan zullen ze meer en meer rijst willen. Als je mensen als de bron van je inkomsten beschouwt en hen manipuleert voor het geld, dan diskwalificeer je jezelf als dienaar van het Koninkrijk.

Maar geld is van groot belang! En ja, we voelen ons vaak beperkt door gebrek aan middelen. Toch is de groei van een beweging niet afhankelijk van geld. Alle bewegingen beginnen met geloof, visie, opoffering en weinig geld. Geld is niet de motivatie. Passie, geloof en visie motiveren. Het hart van God dat in jouw hart brandt is je motivatie!

Als bewegingen stranden, komt dat niet door gebrek aan financiële middelen. Veel volwassen bewegingen hebben land, rijkdom en gebouwen, maar ze stranden door gebrek aan visie, geloof, integriteit en passie. Ze zijn opgehouden te bewegen en zijn monumenten van vergane glorie geworden. God kijkt niet zozeer naar wat je doet, maar naar wat er in je hart is. Middelen komen visie en geloof tegemoet.

De één zegt dat hij ergens niet naartoe kan, omdat hij geen auto heeft. Een ander gaat met het openbaar vervoer en gebruikt die tijd om met andere reizigers te praten en ontmoet vervolgens een zoon des vredes in de bus. Weer een ander heeft geen geld voor een auto of voor het openbaar vervoer en gaat lopen, waardoor hij de tijd heeft om te bidden en een andere wandelaar ontmoet die hongerig is naar Jezus. Onze beperkingen creëren mogelijkheden voor God om in te grijpen.

Als je op meer geld wacht voordat je gehoorzaamt, zul je nooit gehoorzamen. God is er niet van onder de indruk als je Hem vertelt wat je allemaal voor Hem zal doen als je een overvloed aan middelen zou hebben. Hij wacht af wat je zult doen met dat wat je nu hebt.

"Want het koninkrijk van God is geen zaak van eten en drinken, maar van gerechtigheid, vrede en vreugde door de heilige Geest. Wie Christus zo dient, doet wat God wil en wordt door de mensen gerespecteerd." Romeinen 14:17–18

Toen Jezus de opdracht verkondigde om discipelen voort te brengen, droeg Hij ons op om iets te doen waar elke cultuur precies hetzelfde hulpmiddel voor heeft, namelijk tijd. Discipelen maken betekent tijd in mensen investeren om ze naar een puur hart te leiden, ze te leren om afhankelijk te zijn van Jezus die in hen woont en om ze te leren de tijd die ze in anderen investeren te vermenigvuldigen. We hebben allemaal evenveel tijd en hoe we van dit meest kostbare hulpmiddel gebruik maken, laat zien waar ons hart werkelijk ligt.

Maar hoe kunnen we reizen zonder geld? Reizen zonder geld is moeilijk, maar uitreiken naar een ander dorp of ander land is niet volledig afhankelijk van financiën. Als je een discipel maakt van iemand aan de overkant van de straat, en zij doen hetzelfde met een familielid in een verderop gelegen dorp, en zij doen vervolgens weer hetzelfde, dan heb je binnen de kortste keren discipelen voortgebracht in een ander land! Het belangrijkste hulpmiddel dat nodig is, is tijd! Relaties die vermenigvuldigen zullen alle grenzen en beperkingen overstijgen.

Als je een grote menigte aanspreekt in een grote vergaderruimte, wie is dan de meeste belangrijke persoon in de kamer? Dat ben jij, want jij bent de spreker. In elke cultuur voelt zo'n persoon eerbetoon, een mate van gewichtigheid, en misschien wordt diegene wel beroemd door zijn publieke bediening. Jezus was het beste in het aantrekken van grote menigten, beter dan iemand die ooit geleefd heeft, en toch lezen we dat Hij de menigten wegstuurde.[37] In Johannes sprak Hij zo direct over wat het kost om Hem te volgen, dat veel van Zijn discipelen zich terugtrokken en niet verder met hem meegingen.[38] Jezus wist dat succes niet in de grote menigten zat. Het ene moment wilden ze Hem tot Koning maken, het andere moment wilden ze Hem doden. Wat mensen je geven, kunnen ze je ook weer afnemen.

Als je daarentegen met één persoon in zijn of haar huis praat, wie is dan de belangrijkste in de kamer? Degene die voor je zit. Jij bent de gast, jij bent de dienstbare. Met relationeel discipelschap gaat het erom dat iedereen beseft dat God genoeg van hen houdt om Zijn zoon of dochter naar hen toe te sturen. God houdt zoveel van iedereen dat Hij niet alleen maar een boodschap, boek of programma stuurt, maar een zoon of een dochter.

Jezus richtte Zijn leven op de twaalf discipelen. De boodschap die daarin ligt, is dat voor God ieder van hen belangrijk was. Als we erop uit gaan om in dat ene leven of in die paar levens te investeren, dan is dat de boodschap die we overdragen op de harten van de mensen. Dat is een van de belangrijkste boodschappen wat betreft discipelschap zoals Jezus dat deed; jij bent belangrijk voor God! God verlangt naar verbondenheid en vriendschap met jou. En de belangrijkste manier om deze boodschap te communiceren is door tijd te investeren in relaties met mensen. Dit doe je simpelweg door Jezus na te volgen.

De andere belangrijke factor met betrekking tot dit onderwerp is dat mensen afhankelijk van je worden als ze naar jouw huis komen en jij voor hen zorgt. Daarbij komen *zij* naar jou toe, maar hun familie en vrienden doen dat misschien niet. Hierdoor stopt groei bij die ene generatie. Naar het huis van een ander gaan, betekent dat je bent waar hun familie en vrienden komen en zich thuis voelen. Zoals de zoon des vredes de verantwoordelijkheid op zich neemt om mensen gastvrij te ontvangen, zo zullen ook die mensen weer de verantwoordelijkheid voor hun familie en vrienden op zich nemen en de volgende generatie

---

[37] Matteüs 14:22, 15:39, Marcus 6:45, 8:9.
[38] Johannes 6:66.

van Jezus Christus vermenigvuldigen. Dat we naar het huis van vrede gaan is de mentaliteit van Jezus om het creëren van afhankelijkheid te voorkomen, en om verantwoordelijkheid voor nieuwe generaties discipelen vrij te zetten.

Veelgestelde vragen

1. **Dus je zegt dat je tegen massamediabedieningen bent?**

Ja, daar ben ik tegen! Jezus sprak persoonlijk met twaalf mannen en Hij heeft ons gevraagd om Hem te volgen en te doen wat Hij deed. Hij stuurde de menigte weg. Waarom denken we dat we een betere manier hebben? Een aantal van de grootste zogenaamde 'crusades' (evangelisatiecampagnes) in de geschiedenis heeft plaatsgevonden in Afrika, met zelfs één miljoen officiële bekeringen tijdens één crusade. Veel van deze grote campagnes vonden plaats in Nigeria en daar is nu een aantal van de grootste kerken ter wereld. In het zuiden van het land beweert tachtig procent van de bevolking christen te zijn en toch blijft Nigeria één van de meest corrupte samenlevingen ter wereld. Rwanda kon voordat de genocide plaatsvond verzekeren dat negentig procent van de bevolking christen was, maar gelovigen die deel waren van dezelfde kerken sloegen elkaar dood met kapmessen. Velen hebben zich officieel bekeerd, maar weinigen van hen zijn onderwezen om alles wat Jezus opgedragen heeft te gehoorzamen.

De grote aantallen mensen tijdens een crusade laten een evangelist er goed uitzien en stellen hem in staat om enorme geldbedragen in te zamelen, maar de vrucht is rampzalig. Waarom? Omdat we niet doen wat Jezus van ons vroeg. Feitelijk zijn grote massa's, grote podia en grote geldbedragen misschien wel de enige boodschap die gehoord wordt: bediening gaat over positie, macht, geld en aantallen.

Deze boodschap kenmerkt een groot deel van de Afrikaanse kerk, maar integriteit en gerechtigheid niet. Geloven dat alles om geld en macht gaat, lijkt te betekenen dat alles voor dat doel gerechtvaardigd is. BBC[39] liet eens zien hoe Nigeriaanse politieke en zakenleiders miljoenen bijdragen aan de bouw van een aantal van de grootste kerken in de wereld. Ze geven hun tienden van wat ze hebben gestolen, zodat de overige negentig procent gezegend kan worden!

---

[39] Engels nieuws dat je kunt vinden op http://news.bbc.co.uk/2/hi/africa/8219131.stm.

Het klinkt zo goed om te praten over de duizenden huizen die je bereikt via de televisie, maar als dat zo goed was waarom vroeg Jezus ons dan om discipelen voort te brengen en liet Hij vervolgens zien hoe; namelijk door relatie te hebben met de twaalf discipelen? Christendom is niet alleen maar een boodschap over Jezus. Christendom is Jezus die in jou leeft en met een aantal mensen op weg is. De menswording van Jezus moet zich door ons heen voortzetten in deze wereld. Massamedia creëren 'filmsterbedieningen' en een daaraan verbonden manier van leven. Media veranderen bediening in performance, maar Jezus leefde bediening voor, als relaties die vermenigvuldigen, ongeacht de cultuur.

Mediabedieningen zijn tweedimensionaal: performance en geld, praten en nemen. De bediening van Jezus is driedimensionaal: persoonlijke aanwezigheid, integriteit en liefdevolle, waarheidsgetrouwe relaties (zonder vraag naar geld!).

2. Wil je mensen in armoede laten?

Nee! Toch wordt over het algemeen regelmatig gezegd dat hoe *meer* geld er bij een zendingsorganisatie van buitenaf binnenkomt des te minder resultaten er geboekt worden. Hoe komt dat? Het komt niet omdat tweede- en derdewereldlanden minder goed met geld om kunnen gaan dan Westerlingen. Misschien komt het wel omdat een groter wordende zendingsorganisatie meer fondsen investeert in instituten zoals scholen en ziekenhuizen. Maar ik geloof dat de voornaamste reden is dat hoe meer geld er van buitenaf komt, des te meer buitenstaanders denken dat ze zeggenschap hebben over hoe het geld uitgegeven moet worden door degenen die dit ontvangen. Als iemand van buitenaf de macht heeft over het besluitvormingsproces, doodt dat geloof, verantwoordelijkheid en initiatief, wat vriendelijk gezegd betekent dat de macht van buitenaf Jezus ervan weerhoudt om Zijn kerk te bouwen door de plaatselijke gelovigen heen.

De oplossing voor dit probleem is niet om 'mensen arm te houden'. Het antwoord is een levend geloof in Jezus als de bron van alles en een levend geloof in de Heilige Geest als de Geest van opoffering, creativiteit en vermenigvuldiging. De oplossing is om vrienden te bekrachtigen om hun eigen middelen te creëren en onderhouden door bijvoorbeeld een microkrediet en zakentraining.

De armen in de derde wereld zijn niet arm omdat ze lui zijn. Ze werken enorm hard. De voornaamste oorzaak van hun armoede is systematische corruptie die hun de rechtmatige opbrengst van hun werkinkomsten ontzegt.

In het verleden hebben we geprobeerd om samen te werken met Westerse vrienden van wie we dachten dat ze dezelfde visie en waarden hadden als wij. Maar toen we in een conflictsituatie terecht kwamen, oefenden ze druk op mij uit door te zeggen: "Waarom kun je hun (het team in Centraal-Azië) niet gewoon vertellen wat ze moeten doen?" Aangezien ik het team financieel ondersteunde (voornamelijk voor reizen en om zorg te dragen voor anderen), was hun overtuiging dat ik deze mensen wel even kon vertellen wat ze moesten doen en dat dit gedaan moest worden onder het dreigement dat ze anders de financiële steun kwijt zouden raken.

Mijn reactie was dat ik dat niet kon doen, omdat ik niet met slaven of ondergeschikten werk, maar met partners en vrienden. Mijn vrienden in Centraal-Azië moeten de beslissingen maken waar zij vervolgens mee moeten leven. We zijn het eens over de visie; dat is onze discipline. We zijn het eens over de strategie; als deze niet binnen de visie past, doen we het niet. We zijn aan elkaar toegewijd als vrienden en partners. Mijn verantwoordelijkheid is om raad te geven, wijs of dwaas, maar uiteindelijk moeten zij de weg gaan zoals zij ervaren dat Jezus dat van hen vraagt. Dat heeft tot gevolg gehad dat ik beslissingen heb gesteund, waarvan ik dacht dat ze niet verstandig waren. Maar in de meeste gevallen heeft de ervaring geleerd dat mijn vrienden wijs waren. Ook heeft dit betekend dat ik beslissingen heb gesteund die, zo bleek later, erg onverstandig waren en hebben we met elkaar de gevolgen onder ogen gezien en opgelost.

Vriendschap en samenwerking zijn veel belangrijker dan jezelf beschermen voor lijden, als de prijs van die bescherming bevel en controle is.

Hoofdstuk 7

DEMONSTRATIE EN BEKENDMAKING VAN HET KONINKRIJK

"Genees de zieken die er zijn en zeg tegen hen: "Het koninkrijk van God heeft jullie bereikt."

Lucas 10:9

"Bedenk wel: ik heb jullie de macht gegeven om slangen en schorpioenen te vertrappen en om de kracht van de vijand te breken, zodat niets jullie kan schaden."

Lucas 10:19

A. Genees de zieken en demonstreer het Koninkrijk van God!

Veel binnen de christelijke wereld bestaat uit woorden: boeken, televisie, radio, CD en DVD. En op een bepaalde manier is dat gepast, omdat we 'verkondigers' van goed nieuws zijn. We moeten "Christus erkennen als Heer en Hem eren met heel ons hart en als iemand ons vraagt waarop de hoop die in ons leeft gebaseerd is, wees dan steeds bereid om je te verantwoorden. Doe dat dan vooral zachtmoedig en met respect." (1Petrus 3:15) We moeten leren, begrijpen, en bereid zijn om te getuigen van de geheiligde Heer die in ons hart woont! Maar Paulus zegt in 1 Korintiërs 4:20 "Want het koninkrijk van God bestaat niet uit woorden, maar uit kracht." De context van dit citaat is Paulus' morele gezag om te overtuigen, maar dit duidt op een groot probleem. Wij kunnen mensen niet alleen met woorden overtuigen van de realiteit van het Koninkrijk en Jezus verwachtte dit ook niet van ons.

Hij gaf ons de opdracht om zieken te genezen en om het Koninkrijk uitsluitend te verkondigen nadat we eerst de kracht en de aanwezigheid van dit Koninkrijk hadden laten zien. Deze demonstratie van het Koninkrijk moest plaatsvinden in het huis van de zoon des vredes en niet tijdens speciale crusades met een speciale evangelist en een koor dat zingt om de juiste sfeer te creëren.

De zalving is niet afhankelijk van de juiste sfeer die gecreëerd wordt door professionele muzikanten die een uur zingen. De zalving daalt niet neer. Kun je je voorstellen dat Jezus weigert om voor mensen te bidden totdat Petrus een uur aanbidding heeft geleid en de menigte heeft verteld dat de Heilige Geest is neergedaald?

De zalving is de uiting van de kracht en de aanwezigheid van de Heilige Geest die in je woont en op je rust. We moeten Lucas 4:18–21 weer eens lezen! We zijn geen deel meer van het Oude Verbond waar de zalving over speciale mensen kwam en weer ging.

Jouw lichaam is de tempel van de Heilige Geest. De zalving komt niet om vervolgens weer te gaan. Hij komt om te blijven. Wij zijn de woning van God, niet een plaats die Hij af en toe bezoekt.

De moeilijkheid met woorden is dat iemand mooi kan praten, geestelijk kan klinken en zelfs Bijbelteksten kan citeren, maar misschien alleen vanuit kennis praat. Woorden kunnen bedrieglijk zijn en je kunt een mensenmenigte manipuleren met emotionele, dynamische presentaties en optredens. De uitdaging van bidden met één of twee zieken of bezetenen in een kamer zonder dat soort groepsdynamiek, is dat je niet kan doen alsof. Ze kennen Jezus nog niet. Ze kennen jou niet. Ze worden genezen en bevrijd, of niet. Je kent Jezus en de Heilige Geest die in je woont, of niet.

Het gaat er niet om hoeveel teksten je citeert, hoe geestelijk je klinkt wanneer je bidt, of hoe hard je kan schreeuwen. (Je zou je sowieso flink raar voelen als je in iemands keuken zou staan te schreeuwen of rond liep te springen!) Mensen genezen alleen door onze nederige afhankelijkheid van de Heilige Geest die in ons woont en door eenvoudig geloof in Zijn vermogen om hen lief te hebben en te genezen.

Menselijke nood maakt ons kwetsbaar voor God. Nemen we het Koninkrijk aan, of niet? Zijn we in staat het Koninkrijk te laten zien, of niet? Hebben we mensen lief, of niet? Zieken genezen betekent ook simpelweg mensen op een praktische manier te dienen. Een oud gezegde is: "Het interesseert mensen niet wat je gelooft, totdat ze zien hoeveel je om hen geeft."

Enige tijd geleden begon een vriend tijd door te brengen met mensen van de straat, verslaafden en daklozen in een park dat 'The Drugs Park' genoemd werd. Hij reed hen rond, gaf hun soms wat cash en liet hen voornamelijk gebruik van hem maken. Ja, ze gaven het meeste geld uit aan sigaretten, drugs en drank. En ja, hij wist dat hij hen

waarschijnlijk een lift gaf zodat ze sigaretten, drugs en drank konden halen, maar hij diende hen. Na een tijdje begonnen deze mensen te geloven dat hij werkelijk om hen gaf en ze begonnen hem vragen te stellen. Al snel stond 'Het Drugspark' bekend als 'Het Gebedspark'. Praktisch dienen leidde tot genezing, bevrijding, verlossing en een kerk in het park.

Overal ter wereld is het een voortdurend getuigenis dat waar simple church bewegingen zich vermenigvuldigen, de meeste nieuwe huisgemeenten beginnen met een of andere manifestatie van de Heilige Geest, zoals genezing of bevrijding. Vaak is de zoon des vredes iemand die genezen of bevrijd is, of de eerste die voorgaat in het huis waar hun kind of echtgenoot werd genezen. Als je iemand met woorden hebt overtuigd om te geloven, kan een ander hem met andere woorden misschien weer overtuigen van iets anders, maar als je een geliefde genezen of bevrijd hebt zien worden door de liefde van God, weet je wat je gezien hebt.

Sommige christenen, vooral in het Westen, praten veel over hoe de seculiere cultuur niet langer gelooft in absolute waarheden en geen enkele gezagsdrager meer vertrouwt. Ze praten erover hoe deze humanistische cultuur alleen gelooft wat ze ervaart en dat alleen vertrouwd kan worden wat vrienden vertellen. Ze noemen dit een postmoderne mentaliteit waarbij ervaring waarheid is, emotie het bewijs, en de beweringen van vrienden en de gedeelde ervaring met hen daar vervolgens de bevestiging van is. Veel christenen binnen een dergelijke cultuur van moreel relativisme, geven het op om over Jezus te vertellen.

Het is waar dat deze seculiere cultuur niet in absolute waarheden gelooft en wil luisteren naar gesprekken over waarheid, die worden gevoerd door mensen die zich als gezaghebbend voordoen. Maar nog nooit is er een cultuur opener geweest voor het bovennatuurlijke en de demonstratie van Gods Koninkrijk als deze cultuur. Maar er zit een addertje onder het gras! Ze zullen niet naar onze bijeenkomsten komen om deze demonstratie te zien. Ze denken dat hetgeen we doen een hype is en dat het om geld gaat. En als je kijkt naar de collectepraatjes tijdens grote crusades en op televisie, hebben ze nog gelijk ook. Het gaat alleen maar om geld. Waarom zouden ze ons vertrouwen? We moeten naar *hen* toegaan, naar hun omgeving, onder hun vrienden zijn. Daar moeten we simpelweg het Koninkrijk laten zien; daar waar ze kunnen zien dat het echt is.

Nog nooit is er een generatie geweest waarbij het demonstreren van het Koninkrijk makkelijker was. Maar we moeten het te midden van hen doen, waar ze kunnen leren vertrouwen dat het echt om mensen en vriendschap gaat en niet om geld en macht.

B. Verklaar het Koninkrijk van God en wees een toonbeeld!

Sinds 1970 zijn er verschillende 'apostolische herstelbewegingen' geweest en één van hun gemeenschappelijke speerpunten was het herstel van het gezag van de vijfvoudige bedieningsgaven, met een specifieke focus op de bediening van de apostelen als het gezag over de kerk. Zinsneden als 'in lijn komen met', 'erkennen van goddelijke hiërarchie', 'onderwerpen aan het gezag van het Koninkrijk', 'dien de mensen die boven je zijn gesteld', 'onderwerpen aan afgevaardigd gezag', 'geestelijke bedekking', 'gezag eren', 'de man Gods eer betonen', werden stuk voor stuk van gezamenlijke waarde voor deze verschillende bewegingen. Het intellectuele en geestelijke beeld dat dit aanmoedigt is de piramide van politieke hiërarchie, bedrijfsorganisaties en het koninkrijk van de duisternis waar onderwerping, verering en rijkdom opwaarts gaan en bevel en controle neerwaarts. De macht, het gezag, het aanzien en de rijkdom van de persoon aan de top is afhankelijk van hoeveel mensen op verschillende hiërarchische niveaus onder hem staan.

Voor deze bewegingen is het normaal om over discipelschap te praten, maar vanuit hun referentiekader betekent dat het vormen van een slaaf, iemand die bijna overal toestemming voor moet vragen.

Al deze 'nieuwe' apostolische bewegingen beloven vrijheid in de geest en zijn vaak gekenmerkt door eigentijdse luidruchtige aanbidding, dans, vlaggen, vrij profetisch zingen en profetische uitingen. Eén van hun favoriete Bijbelteksten is 'waar de Geest van de Heer is, daar is vrijheid' (2 Korintiërs 3:17). Dit is allemaal prima, behalve dat deze vrijheid alleen binnen de vier muren zichtbaar is en het bewegen van je lichaam alleen tijdens de bijeenkomsten plaatsvindt. De leiderschapstructuur is een stugge hiërarchische piramide, en als je enigszins afwijkt van wat als onderdanig gedrag beschouwd wordt, word je ongeschikt bevonden als leider. Als man heb je dan een zogenaamde opstandige en ondermijnende geest, oftewel je bent 'een Absalom', en als vrouw ben je dan 'een Izebel'.

Hiërarchie is misschien de enige manier waarop grote en samengestelde organisaties zoals een overheid, godsdienstige organisatie, de KGB, de Maffia of het koninkrijk van de duisternis kunnen functioneren, omdat één persoon maar op één plaats op één bepaalde tijd kan zijn en daarom gezag moet delegeren en verslag teruggekoppeld moet krijgen van onderaf. Iemand maakte ooit eens de grap dat de georganiseerde religie en de georganiseerde misdaad veel van elkaar weg hebben, maar dat de Maffia alleen betere restaurants heeft. Toch is er ook in de zakenwereld veel tot stand gebracht met horizontale structuren en op kracht van leiderloze, zelfsturende organisaties.[40]

Het lichaam van Christus is een horizontale organisatie. Jezus is niet begrensd. Hij is almachtig. Hij is alomtegenwoordig. Hij is overal, altijd. Hij ziet alles en weet alles. Hij heeft geen terugkoppeling nodig door middel van een gezagsstructuur en Hij heeft het niet nodig om gezag te delegeren.

Hij heeft nooit iemand gezag over een ander gegeven. Ja, hij heeft ons gezag gegeven over alle machten der duisternis (Lucas 10:19), maar nergens geeft Hij een man of vrouw gezag over een ander. Feitelijk verbood Hij uitdrukkelijk elke vorm van gezagsuitoefening door te zeggen: "Zo zal het bij jullie niet mogen gaan"!

"Jezus riep hen bij zich en zei: Jullie weten dat heersers hun volken onderdrukken en dat leiders hun macht misbruiken. Zo zal het bij jullie niet mogen gaan. Wie van jullie de belangrijkste wil zijn, zal de anderen moeten dienen, en wie van jullie de eerste wil zijn, zal jullie dienaar moeten zijn — zoals de Mensenzoon niet gekomen is om gediend te worden, maar om te dienen en zijn leven te geven als losgeld voor velen." Matteüs 20:25–28.

Je denkt misschien, maar staat de 'apostel'[41] niet bovenaan de lijst van de bedieningsgaven? Maar dat is een waarnemingsprobleem dat niet gebaseerd is op het Nieuwe Testament. In die tijd was ongeveer een derde van de bevolking slaaf, weer een derde waren bevrijde slaven en het overige deel waren slavenhouders. Het was geen slavernij zoals die in Amerika bestond, of zoals in het huidige Noord-Afrika waar Arabische moslims zwarte Afrikaanse slaven bezitten. Onder de heerschappij van het Romeinse Rijk moest er goed voor de slaven gezorgd worden en moesten ze na een bepaalde diensttijd vrijgelaten worden. Tijdens hun diensttijd konden ze hoog opgeleid worden en zeer betrouwbare leden van het huishouden zijn die de zaken van hun baas

---

[40] "The Seven Day Weekend" van Ricardo Semler. "The Starfish and the Spider" van Ori Brafman & Rod Beckstrom.
[41] Dit onderdeel is een samenvatting van *Apostles Slaves of Christ*, Dr. Brian Dodd, Appendix 1 van deze handleiding.

behartigden en de kinderen opleidden. Van hun inkomsten konden ze zichzelf vrijkopen. Vrije slaven kozen vaak om weer slaaf te worden, omdat ze als slaaf gewoonweg een beter leven hadden dan als vrij man. Het woord 'apostel' betekent 'gezondene', maar wij hebben de waarde van die betekenis verloren. De minste slaaf werd 'apostel' genoemd. Waarom? In die tijd was reizen vaak gevaarlijk en zwaar. Als je een diplomatieke missie had of je had waardevolle handel bij je, reisde je met een gewapende escorte om je te beschermen tegen rovers. Als je minder waardevolle dingen bij je had, ging je alleen. De meester stuurde zijn minst gewaardeerde dienstknecht erop uit voor bezorging. Zonder bescherming kon die 'apostel' worden beroofd, gekidnapt en verkocht als slaaf. Als je het minst waard was voor je meester, werd je dus de apostel. In dat licht klinkt Romeinen 1:1 ineens heel anders!

"Van Paulus, dienaar van Christus Jezus, geroepen tot apostel en uitgekozen om het evangelie van God te verkondigen." Romeinen 1:1

De cultuur in die tijd zou begrijpen dat Paulus zichzelf als de minste van alle slaven beschouwde. Maar wat heeft dit met het Koninkrijk van God te maken? Alles! Het evangelie van het Koninkrijk zou goed nieuws moeten zijn voor iedereen die het hoort. En dat is het ook! Het evangelie van het Koninkrijk betekent dat Jezus jouw Koning is, jouw Heer, jouw Meester, jouw Hoofd, jouw Heerlijkheid, en dat betekent dat Hij in je leeft en jouw hoop der heerlijkheid is.

Het is geen goed nieuws om te horen te krijgen dat je jezelf aan mij moet onderwerpen als je deel wil zijn van het Koninkrijk van God! Te horen te krijgen dat wie dan ook je geestelijk hoofd of bedekking is, is een ontkenning van 1 Timoteüs 2:5: "Want er is maar één God, en maar één bemiddelaar tussen God en mensen, de mens Christus Jezus."

Het is interessant dat we zo helder zijn over onze individuele verlossing door Jezus alleen, en dat Jezus alleen ons individuele Hoofd is. We wijzen katholieke en orthodoxe dogma's over priesters die zonden vergeven af, en citeren 1 Timoteüs 2:5 om dit te ondersteunen. Maar als het aankomt op het praktische en gemeenschappelijke leven in het Koninkrijk van God, onderwijzen we diezelfde katholieke en orthodoxe dogma's over onderwerping aan menselijk leiderschap. Ons wordt verteld dat we alleen in het Koninkrijk kunnen functioneren als we ons onderwerpen aan een menselijk hoofd. Ons wordt verteld dat onze relatie met Jezus, als een gezamenlijke groep, bemiddeld moet worden door iemand anders dan Jezus. Als hier sprake van is, wordt Jezus alleen maar een boegbeeld. Maar Jezus zal altijd, maar dan ook altijd het ware, functionerende Hoofd van Zijn lichaam zijn.

Ons onderwijs over de persoonlijke heerschappij van Jezus en vervolgens de gezamenlijke onderwerping aan menselijk leiderschap is schizofreen. Is het verwonderlijk dat gelovigen zo verward zijn en geen vrucht dragen?

Het is dan ook geen wonder dat gemeenteleiders een gemeenschappelijk 'probleem' hebben met nieuwe bekeerlingen die zogenaamd 'rebels' en 'onafhankelijk' zijn en moeten leren om zich te 'onderwerpen aan gezag'.

Het probleem is dat de nieuwe bekeerlingen een ontmoeting met de Koning hebben gehad en Zijn stem klinkt in hun hart. De Geest van de Koning beweegt in hun wezen en ze zijn vurig om op weg te gaan met hun nieuwe Koning, die hen gevuld heeft met Zijn doeleinden en liefde voor mensen. De gemeente om hen heen is geïndoctrineerd tot de massieve ongehoorzaamheid van een religieuze cultuur; een cultuur die alleen om zichzelf geeft en weinig relaties en interesse heeft in de wereld om zich heen, en niets bereikt.

Is dat te stellig? Ik denk van niet. Momenteel zijn de meeste kerkelijke gemeenten zo'n beetje hetzelfde als twintig jaar geleden. Maar tijdens die hele periode hebben ze verklaard dat er opwekking is, bidden ze dat kerkgebouwen gevuld zullen worden en profeteren ze dat het allemaal heel binnenkort zal gebeuren. Ze doden het leven van Jezus in de nieuwe bekeerling en vervolgens organiseren ze jaarlijkse opwekkingsbijeenkomsten waarbij ze proberen het leven dat ze zelf verdreven hebben weer op te wekken.

Er is veel psychologische druk, emotionele manipulatie en gedragsconditionering nodig om een nieuwe bekeerling zich aan te laten passen aan dit religieuze systeem en het gebrek aan gehoorzaamheid van de rest van de gemeente te accepteren. De schrift wordt misbruikt en verdraaid om de nieuwe bekeerling ervan te overtuigen dat deze ongehoorzame en geestelijk koude maar aardige mensen, eigenlijk hun oudsten in het geloof zijn! Dit is het proces van het creëren van een proseliet in plaats van een volgeling van Jezus. Dit is het proces van iemand institutionaliseren tot het punt dat ze loyaler zijn aan het instituut dan aan Jezus.

Deze loyaliteit aan leiderschap en organisaties is erg verwant aan de loyaliteit die door de Maffia gevraagd wordt. Je bent trouw, zelfs als je weet dat de mensen die boven je staan fout bezig zijn. Je bent trouw, zelfs als de waarheid geweld aangedaan wordt. Als de eis om trouw te zijn de vraag naar waarheid overstijgt, bevind je je niet langer in het Koninkrijk van God, maar in een sekte. Dan bevind je je in een criminele organisatie, en vaak reageren de leiders misdadig als je hen confronteert met de waarheid!

Wat heeft dit met Lucas 10 te maken? Wij moeten aankondigen dat het Koninkrijk van God gekomen is, nadat we het Koninkrijk laten zien door zieken te genezen. Hoe werkt dat? Wat zal er vanzelfsprekend gebeuren als de zoon, man, dochter, vrouw of vader van iemand geneest, omdat je gebeden hebt? Ze zullen je hoogachten. Je zou die dynamiek kunnen gebruiken om koning te worden. Maar wat zou je reactie moeten zijn? Je reactie moet het Koninkrijk van God bekend maken. Dat is wat Paulus en Barnabas in Handelingen 14: 8–18 deden. "Wij zijn mensen, net als u." Wat betekent dat? Het betekent dat jouw gastheer ervoor kan kiezen om het Koninkrijk van God binnen te gaan en vervolgens dezelfde macht over ziekte en demonen heeft als jij. Je bent alleen maar een 'apostel' die het Koninkrijk van God zichtbaar maakt, zodat jouw gastheer het kan zien en datzelfde Koninkrijk kan binnengaan en Jezus persoonlijk kan leren kennen.

We laten het Koninkrijk zien door het gezag van de Koning uit te oefenen over het koninkrijk van de duisternis en we zijn een toonbeeld van het Koninkrijk door iedereen dienstbaar te blijven. We worden nooit de bemiddelaar tussen God en mensen. We gaan nooit uit van geestelijke leiderschap over elkaar.

Dit ligt bijzonder gevoelig bij mensen uit moslimculturen. Sommigen van hen zoeken gepassioneerd naar waarheid en zijn bereid om te sterven voor wat zij geloven dat die waarheid is. Feitelijk betekent moslim 'onderworpen aan God'. Maar als een moslim verteld wordt dat de onderwerping aan een vreemde religieuze cultuur en hiërarchie en het binnengaan van een vreemd gebouw voorwaarden zijn om het Koninkrijk van God binnen te gaan, zal hij dit als buitengewoon beledigend ervaren. In zijn hele wezen voelt hij dat zo'n vorm van onderwerping gewoonweg fout is, en terecht. We demonstreren het Koninkrijk van God in zijn huis en in zijn cultuur. We zijn nooit de koning, maar altijd degenen die dienen en onze dienstbaarheid moet het Koninkrijk van God laten zien, op zo'n manier dat hij er vrij kan binnengaan door Jezus alleen, en er kan leven door zich te onderwerpen aan Jezus alleen. Natuurlijk geld dit voor elke cultuur of etnische groep.

C. Wie heeft de leiding?

De eerste vraag die binnen elke menselijke organisatie of kerkelijke gemeente gesteld wordt is: 'Wie heeft de leiding?' In ons denken hebben we een organisatorische plaatje van de piramide, de hiërarchie, en om succes te behalen in de organisatie moet je weten hoe je in die machtsstructuur past. De nieuwe apostolische bewegingen probeerden in de plaatselijke kerk de onontkoombare conflicten over richting, visie en budgettaire beslissingen een halt toe te roepen door sterk gecentraliseerd leiderschap en gezag te doen gelden. Ze zeiden dat dit een 'herstel' was van de eerste gemeente, maar in feite was dit een oud pauselijk systeem.

Vervang paus, kardinaal, bisschop en priester door apostel, profeet, voorganger en oudste en je krijgt allemaal kleine pausjes, heel veel slaven en heel veel problemen. En niets daarvan heeft te maken met de eerste gemeenten. Piramides zijn voor dode mensen. Piramides worden gebouwd door slaven! Waarom zijn er nog zoveel mensen die bouwstenen maken voor Farao?

Maar Lucas 10 schets een heel ander beeld. Wat speelde zich af in de eerste gemeenten? Als je het huis van iemand anders binnengaat, ben je altijd de gast, altijd de dienende. Je hebt nooit de leiding. Je gaat anderen niet vertellen hoe ze hun huis moeten inrichten, je geeft hun personeel geen bevelen en je vraagt niet om je lievelingseten. In het laten zien van het Koninkrijk is het jouw taak om je gastheer/gastvrouw te 'discipelen' zodat ze de voorganger/herder/bisschop/oudste[42] worden van hun familie en vrienden. Het natuurlijke gezag en de natuurlijke invloed en uitdrukking van het Koninkrijk van God op aarde, gebeurt door eenvoudige relationele structuren zoals gezins- en vriendschapsnetwerken.

De trieste realiteit van veel traditionele kerksystemen is dat ze destructief zijn geworden voor het gezag van het gezin, en de programma's strijden om het gezinsleven en de energie die mensen in hun gezin steken. Eén van de gevolgen hiervan is dat de meerderheid van de kinderen die opgroeit in een gelovig gezin, het geloof achter zich laat wanneer ze jongvolwassene worden.

Als je het Koninkrijk van God bekend maakt, verklaar je ook dat jouw nieuwe discipel deel is van het Koninkrijk van priesters, heilige priesters, een heilige natie (Petrus 2:1–10), en een zoon of dochter is van de Hemelse Vader (1 Johannes 3:1–3) die toegang heeft tot het Heilige der Heiligen door het bloed van Jezus (Hebreeën 10:19–25, 12:22–24). Ook verklaar je dat de Heilige Geest die de weg wijst naar

---

[42] Termen als voorganger en herder worden in het Nieuwe Testament door elkaar gebruikt. Zie Handelingen 20:17 en 28.

de volle waarheid in hem woont (Johannes 16:13–15 en 1 Johannes 2:24–27), dat hij een nieuw hart heeft waarin God zelf Zijn wetten schrijft (2 Korintiërs 3:3), Jezus zijn heerlijkheid en Hoofd is (Kolossenzen 1:18) en hij alles heeft ontvangen in Christus (Efeziërs 1–3 en 1 Korintiërs 3:21–23).

Wat heeft dit met leiderschap te maken? De voornaamste taak van een dienende leider is om het Koninkrijk van God te laten zien door vertrouwen en geloof te tonen in wie (nieuwe) gelovigen zijn in Christus, en God te vertrouwen dat Hij hen zal leiden. Menselijk leiderschap gaat over mensen liefhebben en hen overgeven aan de volledige heerschappij van Christus.

"Wij willen niet over uw geloof heersen, maar juist bijdragen aan uw vreugde. U hebt tenslotte een vast geloof." 2 Korintiërs 1:24

In 1 en 2 Korintiërs probeert Paulus de Korintiërs raad te geven en te bewegen om hun problemen aan te pakken en om een broeder die in zonde leeft te corrigeren. Hij schrijft niet naar de oudsten om hen te bevelen dit te doen! Hij volgt geen enkel protocol van gedelegeerd gezag of gezagsstructuur. Hij schrijft naar de hele gemeente en omdat hij hen liefheeft en hen altijd ten koste van zichzelf gediend heeft, doet hij aanspraak op de kerk om te handelen op basis van wat ze weten dat rechtvaardig is. Leiden in het Koninkrijk van God is leiden door een voorbeeld te zijn en door raad te geven. Advies betreft wijsheid of dwaasheid en laat de uiteindelijke beslissing over aan degene die met die beslissing moet leven. Het gaat erom de kinderen van God vrij te laten om hun verantwoordelijkheid tegenover God op zich te nemen en Jezus Zijn kerk te laten bouwen. In de meeste hedendaagse kerken wordt leiderschap gedefinieerd door het geven van toestemming. Het gaat om ja of nee. Ze vertellen je wat je wel en niet kan doen. Dat gaat over bevelen uitdelen en macht uitoefenen, wat geestelijk misvormde kinderen creëert die niet weten hoe ze een bondgenoot van God kunnen zijn.

Over het algemeen wordt er vanuit gegaan dat binnen een grote organisatie bevelen uitgedeeld moeten worden en macht uitgeoefend moet worden op mensen. Dit klinkt aannemelijk, maar was de kerk van Jezus ooit bedoeld als grote organisatie? Als we Jezus gehoorzamen en discipelen maken in de huizen en dat vermenigvuldigen, dan is elke kerk klein. En dan kan elk lid meteen bewegen binnen hun zogenaamde erfdeel, namelijk het horen en gehoorzamen van de stem van de Meester, terwijl ze op elkaar wachten. Jezus was het toonbeeld van een kerk met twaalf mensen. Het was de bedoeling dat de kerk van Jezus Christus Zijn lichaam was.

Deze kleine bewegingen breidden zich uit over het hele Romeinse Rijk, totdat tien procent van het Rijk volgeling van Jezus was. Dit gebeurde zonder hoofdkantoor of hiërarchie en zonder hiërarchische machtsuitoefening of een gecentraliseerd systeem voor fondsenwerving en distributie. Elke gelovige droeg het DNA van de organisatie in zijn hart. Elke gelovige droeg de Leider van de organisatie in zijn hart. Elke gelovige droeg vrucht volgens het DNA van de Meester. Het gaat mis als menselijk leiderschap tussen het Hoofd en de leden van het lichaam komt te staan! Het gaat mis als een beweging een organisatie wordt. We hebben de kerk zoals wij die kennen al zo lang op een bepaalde manier bekeken, dat we ons niet meer kunnen voorstellen wat voor kerk Jezus eigenlijk wil! We zijn er zo aan gewend geraakt om menselijk leiderschap te accepteren, nodig te hebben en te vertrouwen, dat we ons niet meer kunnen voorstellen dat Jezus werkelijk Zijn lichaam zou kunnen leiden. We zijn op zo'n manier geconditioneerd dat we 'behoefte' hebben aan menselijke leiderschap en dat zelf op Jezus vertrouwen, beschouwd wordt als rebelse onafhankelijkheid!

Wat kenmerkt de gemeente zoals Jezus die zich voorstelde in Lucas 10 beter? Een eikenboom of een aardbeienplant? Een olifant of een konijn? Ja, God schiep beide, maar welke kenmerkt de gemeenten die voortvloeien uit gehoorzaamheid aan Lucas 10? Het antwoord is heel duidelijk! Aardbeienplanten en konijnen. Prijs God voor olifanten en eikenbomen, maar waarom proberen mensen om eikenbomen en olifanten te bouwen? Je kunt een troon in een eikenboom of op een olifant bouwen en vervolgens kan de hele wereld jou op je troon zien, en zien wat een geweldige bediening je hebt. Maar je ziet er belachelijk uit als je op een aardbeienplant probeert te zitten of op een konijn probeert te rijden.

Maar als je één aardbeienplant in een veld poot, zal hij uitlopers krijgen die hun eigen 'Levende Water' zoeken. En elke uitloper zal zijn bladeren uitspreiden en genieten van de liefde van de Zoon. En voor je het weet zal het veld bezaaid zijn met aardbeienplanten. Ze zullen verbonden zijn door relaties, maar zullen niet afhankelijk zijn van elkaar! En je zult niet kunnen vertellen welke plant de eerste was!

Als je twee konijnen twee jaar met rust laat, zul je minstens een miljoen konijnen hebben. Na twee jaar zullen twee olifanten er één nieuwe olifant bij hebben en ze zullen daar heel veel middelen voor verbruiken.

Het 'probleem' met organisaties zonder leiders is dat het moeilijk is om deze organisaties te gebruiken om persoonlijke rijkdom te creëren. Hiërarchieën creëren stromen van rijkdom. Iemand zei eens dat een mens iets niet zal begrijpen als zijn salaris afhankelijk is van iets wat hij *niet* begrijpt. Zoals men zegt "Als je wilt begrijpen hoe iets werkt, volg het geld". Een grote valkuil voor velen in professionele bedieningen is het probleem omtrent het salaris en financiële zekerheid.

Een nieuwe vriend van me streeft naar een doctoraat in 'ministry' bij een plaatselijke Bijbelschool. Veel van de masters en doctoraal kandidaten op diezelfde Bijbelschool zijn in gesprek over simple church en 'organic church'. Ze beginnen te geloven dat dit het Bijbelse voorbeeld is. Maar ze kampen met een groot probleem. Ze hebben jaren gestudeerd om hun kennis toe te passen op professionele bedieningsfuncties binnen grote gemeentelijke kerken. Als ze de gevolgen van wat ze geloven met betrekking tot 'organic church' accepteren en aannemen dat het de opdracht van Jezus is om discipelen voort te brengen in plaats van instituten te bouwen, zullen ze andere manieren moeten vinden om zichzelf en hun gezin te onderhouden. Wie heeft de leiding? Jezus!

D. Altijd een dienaar en nooit een koning of: hoe zit het met de oudsten?

Als je door de bril van Lucas 10 naar de rest van het Nieuwe Testament kijkt, zie je vijftien directe en vijftien indirecte verwijzingen naar de kerk in de huizen.[43] Dit zijn huizen waar de zoon des vredes begeleid wordt om een herder/voorganger/bisschop/oudste te worden van zijn familie en vrienden.

Ja, maar hoe zit het met de inwijding van oudsten? Impliceert dat geen hiërarchie? Hoe past dat binnen deze visie van 'organic church'? Allereerst denk ik dat we ons verre moeten houden van de term 'inwijding'. 'Inwijding', zoals dat gebruikt wordt in religieuze instituten impliceert sterk dat positie en macht gegeven worden door iemand met een hogere functie in de hiërarchie. Paulus spreekt daarentegen in 1Timoteüs 3 en Titus 1 over een proces dat gekenmerkt is door simpelweg de genade van God in iemands leven te erkennen als bewijs van een rijpe vrucht. We moeten ook de realiteit van de Oosterse cultuur benadrukken, waarbij degenen die ouder zijn in leeftijd, meer levenservaring hebben en God al langer kennen, geëerd worden. Dit is niet te

---

[43] Zie appendix 2 voor deze verwijzingen.

vergelijken met het Westerse eerbetoon aan jeugd, gebaseerd op gaven, persoonlijkheid en charisma. Het gaat hier om een Oosterse manier van eerbetoon aan degenen die bekwaam zijn om oudste te zijn op basis van succesvolle levenservaringen. Daarom trekt Paulus door Kreta en sticht hij verschillende huisgemeenten. Vervolgens stuurt hij in Titus 1 erop aan dat Titus teruggaat en oudsten aanwijst op basis van karakter en relationele integriteit in plaats van gaven en persoonlijkheid. Met het oog op Lucas 10 zou dit een oudste binnen hun eigen huishouden zijn geweest, die vervolgens aangewezen werd om daarbuiten te dienen en in staat was om raad te geven aan de andere bijeenkomsten van de gemeente in de stad.

Sommige hoofden van huishoudens zouden niet de benodigde vruchten in hun leven hebben om aangewezen te worden als oudste. Degenen die dat wel hadden, zouden de oudsten van de gemeente van Kreta worden. Wat veranderde er in het huis van deze nieuwe oudste? Niets. Wat veranderde er in het huis van degene die niet aangewezen was als oudste? Niets. Wel zou de oudste erkend worden als degene die andere huisgemeenten in de omgeving kon helpen.

Laten we in dit licht eens kijken naar Paulus' aanklacht tegen de leiders van Efeze. In Efeze vond hetzelfde proces plaats van planting, beproeving en erkenning. En toen Paulus tijdens zijn laatste reis naar Jeruzalem de oudsten bij elkaar riep, waarschuwde hij hen in Handelingen 20: 29–30.

> *"Ik weet dat er na mijn vertrek woeste wolven bij u zullen binnendringen, die de kudde niet zullen ontzien. Uit uw eigen kring zullen mensen voortkomen die de waarheid verdraaien om de leerlingen voor zich te winnen."*

Hij zag twee gevaren. Het eerste waren de 'woeste wolven' die van buitenaf zouden binnendringen. In 2 Korintiërs 11 had hij het hier ook over. Hij sprak toen over de valse profeten die zich alleen maar bezig hielden met macht en geld. Tegen Titus sprak hij ook over dit externe gevaar: "Hun moet de mond worden gesnoerd; ze richten hele families te gronde door uit schandelijk winstbejag de verkeerde dingen te onderwijzen." Titus 1:11. Het tweede gevaar kwam van binnenuit. Dit betekent dat sommige oudsten discipelen voor zichzelf probeerden te winnen. Hoe ging dat in zijn werk?

Een oudste zou iemand zijn die zowel binnen zijn/haar eigen huisgemeente erkend werd als daarbuiten; in de gemeente van de stad. Ik zou denken dat de verantwoordelijkheid van zulke dienaren vijfvoudig

is: in eerste instantie gaat het om de gezondheid van de individuele huisgemeente door middel van het voorleven en laten zien van Gods
Koninkrijk. Ten tweede moeten zij beschikbaar zijn voor een genez-
ingsbediening door handoplegging. Ten derde moeten ze netwerken
met de andere plaatselijke gemeenten, oftewel met de gemeente in de
stad of in de plaatselijke omgeving. Als vierde gaat het om het ondersteunen van het vermenigvuldigen van nieuwe huisgemeenten in de
omgeving. En tenslotte is het van belang de kansen te benutten om
buiten de plaatselijke omgeving te dienen. Paulus deed dit door
schenkingen van de Macedoniërs en Korintiërs mee te nemen naar
Judea, waar hongersnood was.

In plaats van de vijf bovenstaande taken te vervullen, gebruikten
sommige oudsten hun gaven om de waarheid van het Koninkrijk te verdraaien en andere discipelen voor zich te winnen. Als ze de
huisgemeenten hadden voortgezet in hun huizen en verder hadden
geleefd volgens de opdracht in Lucas 10, zouden ze altijd een dienaar
zijn. Dan zouden ze er altijd op uit gaan en andere huishoudens helpen
om volgelingen van Jezus te worden.

Maar als oudsten discipelen voor zichzelf winnen, kunnen ze koningen worden. Dan kunnen ze hun gaven, hun zalving en de kracht van
hun persoonlijkheid gebruiken om zich meester te maken van de positie
van Jezus in Zijn kerk. Ze kunnen een fundament bouwen voor positie,
macht en rijkdom en het vermenigvuldigingsproces saboteren. Paulus
zegt dat degenen die de dienaren ervan weerhielden om erop uit te gaan
en in plaats daarvan mensen om zich heen begonnen te verzamelen, dit
alleen maar konden doen door 'de waarheid te verdraaien'. Maar in het
hedendaagse Christendom worden degenen die de meeste mensen
aantrekken beschouwd als het meest succesvol en organiseren ze conferenties om andere leiders te leren hoe ze dat succes kunnen
vermenigvuldigen. Volgens Paulus zouden ze anderen leren om de
'waarheid te verdraaien'.

Dus ja, er werden oudsten aangewezen, maar zij functioneerden niet
door anderen te vertellen wat ze wel en niet konden doen. Ze verleen-
den of onthielden geen toestemming. Ze dienden mensen en ze waren
een toonbeeld van de 'elkaar-opdracht'. Het was niet hun taak om
beslissingen te maken over hoe anderen dienstbaar konden zijn.
Toestemming verlenen is geen deel van het oudste zijn zoals dit in het
Nieuwe Testament is bedoeld.

Nieuwtestamentische oudsten zijn volwassen, vruchtdragende leiders van huisgemeenten, en worden erkend doordat ze in staat zijn om

andere huishoudens te dienen. Als ze de aandacht op zichzelf vestigen, misvormen ze de waarheid van hun bediening. Als ze veranderen in leiders die toestemming verlenen, nemen ze de plaats van Jezus in, het Hoofd van het lichaam.

Ben jij een oudste? Houd je van mensen? Als dat het geval is, dan geef je hen dezelfde vrijheid in Jezus als die je voor jezelf verlangt. En dan zul je een toonbeeld zijn van nederigheid, van het spreken van de waarheid en het geven en ontvangen van wijsheid.

E. Jezus, het ware Hoofd en niet alleen maar een boegbeeld

Nogmaals, we moeten het Koninkrijk laten zien door hoe we de Koning eren. Hoe functioneert de kerk in een huis? Hoe functioneert een heilig priesterschap? Hoe geven de leden van het lichaam van Christus uitdrukking aan hun gezamenlijke Hoofd? Hoe geven de levende stenen van de tempel van de Heilige Geest uitdrukking aan hun eerbied en aanbidding voor de God die thuis is in elk van hen? De metaforen die in het Nieuwe Testament gebruikt worden voor het lichaam van Christus, variëren van lichaam tot tempel, familie en leger. De metafoor 'toeschouwers' wordt nooit gebruikt! Het lichaam bestaat niet uit passieve waarnemers die betalen om toe te kijken hoe superleiders 'bediening doen'. We zijn niet onderverdeeld in geestelijken en leken, gladiatoren en toeschouwers. Als we geloven dat de Heilige Geest in elke gelovige woont dan moet dat zichtbaar zijn omdat elk lid uitdrukking geeft aan de Geest die in hem/haar leeft.

Er zijn ongeveer veertig teksten die ons de opdracht geven om dingen met en voor elkaar te doen. 'Heb elkaar lief', 'wacht op elkaar', 'draag elkaars lasten', 'spreek de waarheid tegen elkaar', 'aanvaard elkaars gezag uit eerbied voor Christus'.[44] Als we hier teksten over onze naaste of onze broeder aan toevoegen, komen we op meer dan zeventig opdrachten, waaronder het gebod 'heb uw naaste lief zoals uzelf' (Matteüs 22:39).

Daarentegen zijn er maar zes teksten die ons opdracht geven om onze leiders in de Heer te eren, en welke worden het meest benadrukt in de gemeentelijke kerken? Precies! De paar die gaan over onderwerping aan leiders. Dit is een fout die komt door selectieve aandacht. Deze teksten worden gebruikt om hiërarchie te rechtvaardigen, terwijl de meeste teksten, die dus gaan over een lichaam van heilige priesters onder

---

[44] Voor een volledige studie hierover, zie Appendix 3 in deze handleiding.

het gezag van één Hogepriester, worden genegeerd. Dit is zoals ze in het Zuiden van Amerika teksten misbruikten en verdraaiden om slavernij te rechtvaardigen, of zoals in Zuid-Afrika waar deze teksten misbruikt werden om apartheid te rechtvaardigen en het overgrote deel van de teksten over gelijkheid en broederschap nooit genoemd werden.

Het is ook nog zo dat bijna alle teksten over het eerbied hebben voor oudsten in de context staan van de realiteit van 'elkaar'. Dus alle structurele relaties die in Efeziërs 5 benadrukt worden, worden voorgegaan door vers 21, 'aanvaard elkaars gezag uit eerbied voor Christus'. De opdracht in 1Petrus 5:5: "En u, jongeren, moet van uw kant het gezag van de oudsten erkennen", wordt in *hetzelfde* vers vervolgd met "Overigens, in de omgang met elkaar moet ieder van u altijd de minste willen zijn, want God keert zich tegen hoogmoedigen, maar aan nederigen schenkt hij zijn genade."

Ja, er zijn leiders en ja, alles staat of valt met leiderschap. Maar zoals Petrus in 1Petrus 5:3 zegt, moeten we ons niet 'heerszuchtig opstellen tegenover de kudde die aan ons is toevertrouwd, maar het goede voorbeeld geven'. Leid door de eerste te zijn die lijdt, de eerste te zijn die zijn leven aflegt, de eerste te zijn die vergeeft en de eerste te zijn die zegt: "Ik was fout, wil je me vergeven?".

We leiden voornamelijk door een voorbeeld te zijn en door anderen te beïnvloeden. Een leider die onderwerping eist, heeft al zijn morele gezag verloren. Wil je bazen en slaven hebben of broeders en vrienden?

Dit gaat niet over een religieuze, slaafse of onderdanige mentaliteit. Dit gaat niet over een of andere valse nederigheid. Ja, we zijn Koningskinderen. Ja, we zijn het hoofd en niet de staart. Ja, we hebben een plaats gekregen met Christus in de hemelsferen. Maar we moeten de opdracht in Filippenzen 2:5–8 navolgen.

> *"Laat onder u de gezindheid heersen die Christus Jezus had. Hij die de gestalte van God had, hield zijn gelijkheid aan God niet vast, maar deed er afstand van. Hij nam de gestalte aan van een slaaf en werd gelijk aan een mens. En als mens verschenen, heeft hij zich vernederd en werd gehoorzaam tot in de dood — de dood aan het kruis."* Laat die gezindheid in je heersen!

En dus als Jezus het ware Hoofd van Zijn lichaam is en niet alleen maar een persoonlijke Heer van Zijn individuele **leden**, dan zal één van de voornaamste disciplines moeten zijn dat we leren om hetgeen ons rechtmatig toekomt opzij te zetten en op elkaar te wachten. Dat is een van de belangrijkste boodschappen van 1 Korintiërs 11:27–34. De reden dat 'er onder u veel zwakke en zieke mensen en er al velen onder u gestorven zijn', gaat niet over een persoonlijke, niet beleden zonde. Maar het gaat over hun houding ten opzichte van het lichaam van Christus, die zichtbaar werd door hoe ze met elkaar aten.

We eten het brood om te laten zien dat we één lichaam zijn. We drinken de beker om te laten zien dat we één leven delen. We proclameren Zijn dood totdat Hij terugkomt. We verklaren de dood die ons één gemaakt heeft. We komen bij elkaar om te eten, we moeten op elkaar wachten. Wat was er aan de hand in Korinte? Het Avondmaal[45] is een echte maaltijd. Het is niet een symbolische maaltijd. De rijken brachten heel veel eten en drinken mee. Ze aten tot ze vol zaten en dronken tot ze dronken waren, terwijl de armen honger hadden. De rijken maakten de armen te schande. Ze 'herkenden het lichaam van de Heer' niet. De armen zijn net zo goed als de rijken deel van het lichaam van de Heer. Door de armen te schande te maken, beschaamden ze Jezus en alles waar Hij voor stierf. De oplossing? "Daarom, mijn broeders, als gij samenkomt om te eten, wacht op elkander."[46] (1 Korintiërs 11:33) En als je zo'n honger hebt dat je niet kan wachten met eten? Dan moet je thuis maar wat eten zodat je samenkomsten niet tot veroordeling leiden. (1 Korintiërs 11:34) En als er een arm iemand is die zichzelf en zijn gezin niet te eten kan geven? Zorg dan dat ook hij eerst thuis al wat eet, zodat zijn nood niet voor iedereen tentoongesteld wordt. Bescherm met naastenliefde zijn waardigheid als deel van het lichaam van Christus.

Op elkaar wachten heeft veel implicaties. Als ik Jezus echt als mijn Hoofd zie, zal ik eerbied hebben voor en wachten op mensen die ouder en meer volwassen zijn dan ik. Ik zal Christus in hen erkennen. Dat is waar Hebreeën 13:8 het over heeft: "Jezus Christus blijft dezelfde, gisteren, vandaag en tot in eeuwigheid!" Die tekst heeft het niet alleen over Jezus. Ja, het zegt de waarheid over Jezus, maar daar gaat het niet alleen om. Wat zo bijzonder is, is dat iemand zo in de genade van God kan bewegen dat Jezus de constante uitstraling van hun dagelijkse leven is. Deze tekst heeft het over wat zichtbaar is in iemands leven. Zien we Jezus in hun leven? Dat is het geloof dat we moeten volgen. Individuen in wie we voortdurend Jezus Christus zien, hoeven nooit van anderen te eisen dat ze zich aan hen onderwerpen!

Als ik echt met Jezus als mijn Hoofd onderweg ben, als een volwassen deel van het lichaam van Christus, dan zal ik de nieuwste leden

---

[45] Engels: The Lord's supper, de maaltijd van de Heer.
[46] NBG-vertaling.

van het lichaam erkennen en van hen ontvangen. Ik zal Jezus in hen zien. En als ik mijn zekerheid in Jezus heb, zal ik nooit van iemand anders eisen dat hij zich aan mij onderwerpt. Als anderen Jezus niet in mij zien en als de Heilige Geest niet tot hen spreekt, waarom zou ik dat dan wel doen? Hoe zou ik dat *kunnen*?

Veelgestelde vragen

1. Hoe zit het met 'geestelijke vaders'? Hebben we geen geestelijke vaders als mentor nodig die ons vrijzetten in onze bestemming?

Ja, Paulus noemde Timoteüs 'zijn waarachtige zoon in geloof' (1 Timoteüs 1:2) en blijkbaar had hij een dynamische relatie van mentorschap, bemoediging en vrijzetting met Timoteüs. Paulus uitte ook zijn verlangen naar meer echte vaders in tegenstelling tot de vele leraren die beschikbaar waren (1 Korintiërs 4:15–17). Het probleem wat betreft de geestelijke vaders binnen een piramidestructuur is dat het een systeem van macht, financiering en promotie wordt. Dit gebeurt als geëist wordt dat iedereen een geestelijke vader heeft en elke zoon zijn vader moet eren door zijn tienden aan hem te geven.

De voorbeelden die gegeven worden zijn Jozua en Mozes, Elisa en Elia, en Timoteüs en Paulus. De les die uit deze voorbeelden wordt gehaald is dat je een dergelijke vaderlijke relatie moet hebben 'om je vrij te zetten in je bestemming'. Maar de waarheid in deze aangehaalde voorbeelden is dat noch Mozes, noch Elisa en nog Paulus een geestelijke vader had. In deze voorbeelden snijdt het mes aan twee kanten. Het is goed om een oudere broer, mentor of geestelijke vader te hebben, maar het is niet verplicht of nodig. Het gebrek aan een dergelijk persoon in hun leven, weerhield hen niet om tot hun doel te komen! Eigenlijk gebruikt Paulus het feit dat hij geen mentors in het geloof had zelfs om waarheidshalve te verklaren dat hij zijn openbaring van Jezus regelrecht van Jezus had ontvangen.

"De belangrijkste broeders — hun positie interesseert me trouwens niet, God slaat geen acht op het aanzien van een mens — hebben mij tot niets verplicht." Galaten 2:6. En hij zei dit over de apostelen in Jeruzalem, 'Zij die iemand leken'! Ware geestelijke vaders wijzen hun zonen richting de Enige Hemelse Vader en dragen de woorden van Jezus in hun hart om nooit de verkeerde plaats in te nemen in de relatie. Zij die Jezus gezien hebben nemen zichzelf, of welke leider dan ook, niet te serieus.

"Jullie moeten je niet rabbi laten noemen, want jullie hebben maar één meester, en jullie zijn elkaars broeders en zusters. Want één is uw Meester en gij zijt allen broeders. En noem niemand op aarde vader, want jullie hebben maar één vader, de Vader in de hemel. En gij zult op aarde niemand uw vader noemen, want één is uw Vader, Hij, die in de hemelen is. Laat je ook niet leraar noemen, want jullie hebben maar één leraar, de messias. Laat u ook geen leidslieden noemen, want één is uw Leidsman, de Christus. De belangrijkste onder jullie zal jullie dienaar zijn. Maar wie de grootste onder u is, zal uw dienaar zijn. Wie zichzelf verhoogt zal worden vernederd, en wie zichzelf vernedert zal worden verhoogd." Matteüs 23:8–12

En hoe zit het met geestelijke vaders die eisen dat hun zonen hun tienden aan hen betalen? Paulus zou zeggen dat om geld vragen hen ongeschikt maakt om wat voor vader dan ook te zijn en tegen de Korintiërs zegt hij over zijn vaderlijke houding: "Ik sta klaar om u nu voor de derde keer te bezoeken, en ik zal u niets kosten. Het gaat mij niet om uw geld, maar om u. Niet de kinderen moeten voor de ouders sparen, maar de ouders voor de kinderen." (2 Korintiërs 12:14).

2. Hoe zit het met Jan de apostel en Piet de profeet? Waar of niet waar? Hoe komen we hier achter?

Volgens Jezus in Matteüs 7:21–23, kunnen de valse profeten wonderen en tekenen verrichten en tegelijkertijd wetteloos leven, niet de wil van de Vader doen en Hem niet kennen. Echte wonderen die in de naam van Jezus worden gedaan maken een bediening nooit legitiem. Gaven waarmerken nooit. Integendeel, het zijn karakter en relationele integriteit die een bediening, een gave en een persoon legitiem maken.

In Matteüs 23 uit bedrog zich volgens Jezus in een last die op de schouders van mensen wordt gelegd (zoals verplicht tienden geven), en in het liefhebben van posities, titels, en publieke erkenning.

In Matteüs 20:25–28 komt bedrog volgens Jezus aan het licht door een leiderschapscultuur van macht en voorrechten in plaats van Zijn voorbeeld van opofferende dienstbaarheid te volgen.

Volgens Paulus in Handelingen 20:30 wordt bedrog zichtbaar doordat mensen de waarheid verdraaien om mensen voor zichzelf te winnen (zoals verplicht geestelijke vaderschap).

Volgens Paulus in 2 Korintiërs 11 kun je valse profeten herkennen aan hoe ze zichzelf als een autoriteit boven de mensen plaatsen, en aan hoe ze geld van hen afnemen.

Bedrog komt aan het licht door de verslaving aan macht en geld. Bedrog gebruikt echte gaven, echte wonderen en het bovennatuurlijke om de aandacht op zichzelf te vestigen en het volk van God te gebruiken voor geld. Een groot deel van de hedendaagse kerk is een combinatie van geld en een persoonlijkheidscultus. De bruid van Christus wordt uitgeklopt.

Vind je dit een brute uitspraak? Een vriendin in Nigeria getuigt dat de enige Bijbeltekst die in haar omgeving van de kansel gepreekt wordt Maleachi 3 is. De leiders zetten hun mensen onder druk om tienden en andere financiële giften te geven. Ze verleiden hen met beloften dat ze gezegend zullen worden als ze geven en zaaien angst voor vervloekingen als ze dat niet doen. Deze leiders rijden rond in een Mercedes terwijl hun mensen het zich niet kunnen veroorloven om hun kinderen te eten te geven. Nu zeg je 'Dat is Afrika'. Wel, als je de ware aard van iets wil zien, helpt het vaak om naar de logische conclusie te kijken.

Neem het Amerikaanse 'voorspoeds-evangelie' en kijk naar de logische conclusie. In Amerika ziet dat er niet zo heel beroerd uit, omdat iedereen in ieder geval zijn kinderen nog te eten kan geven.

Hoe ziet 'geven om te ontvangen' eruit in Afrika? Het ziet eruit als het beroven van de armen. En dat is precies wat het is, beroving.

Als de geloofsprediker zoveel geloof heeft in zijn zaaien en oogsten, waarom geeft hij iedereen dan niet gewoon honderd euro om vervolgens de oogst van zijn geloof en offer te ontvangen? De reden waarom hij dat niet doet is omdat hij weet dat het zo niet werkt. Hij weet dat het een leugen is.

Waarom blijven zo veel mensen aan deze leugens en fraudes geven? Ze willen de leugen geloven. Het is net de 'Christelijke' loterij; misschien heb ik dit keer wel genoeg geloof, misschien is de spreker deze keer gezalfd genoeg, misschien dat het me deze keer wel goeds brengt, misschien is vandaag de dag van mijn financiële doorbraak!

Een tijdje geleden, toen ik tijdens een conferentie in gesprek was met één van de sprekers, maakte deze persoon de volgende opmerking: "De meeste reizende sprekers zijn prostituees. De voorganger betaalt hen om mensen een geestelijke ervaring te geven, zodat ze blijven komen en het geld voor de collectes blijft rollen." Als een lichaam een bedrijf wordt, is dat prostitutie. Hoe zit het met het lichaam van Christus?

Een andere vriend van me zegt vaak nadat hij in het Christendom weer wat financiële onzin heeft gehoord: "Het lichaam van Christus zit vol parasieten."

De inmiddels overleden John Wimber nam eens een taxi van het vliegveld naar waar hij een spreekbeurt zou houden. Hij probeerde een praatje te maken met de taxichauffeur, maar toen die erachter kwam dat John een christelijk leider was, ontstond er een stortvloed van honende woorden over alle financiële en seksuele schandalen van christelijke beroemdheden. Hij kende ze allemaal! Toen hij tot bedaren kwam, vroeg Wimber hem: "Maar als er een Jezus is en als Hij een kerk had, wat denk je dan dat Zijn kerk zou doen?" De taxichauffeur antwoordde: "De wereld weet wat we zouden moeten doen en hoe we zouden moeten leven. Het is diep triest dat velen die zichzelf christenen noemen, dit niet doen."

3. **Hoe zit het met de mensen die zeggen dat het lichaam van Christus geen democratie maar een theocratie is, en dat we ons daarom moeten onderwerpen aan het gezag dat door Jezus gedelegeerd is aan de vijfvoudige bediening?**

Ja, het lichaam van Christus is een theocratie, maar als je je onderwerpt aan het gezag van een ander persoon dan ben je geen deel van een theocratie, maar van een monarchie. Dat is waarom God en Samuël in 1 Samuel 8:7 het volk geen koning wilden geven. *"Jou verwerpen ze niet. Ze verwerpen juist mij als hun koning."*

Er is geen gedelegeerd gezag in het lichaam van Christus. Er is alleen verdeeld gezag van de Koning voor elk deel van Zijn lichaam, en we moeten dat gezag gebruiken om anderen te dienen. Wees voorzichtig als leiders beginnen te praten over Saul, David en Salomo. Onze voorbeelden zijn niet David en Salomo. Onze voorbeelden zijn Jezus en Paulus.

We zijn deel van een theocratie en Jezus is de Koning.

We zijn allemaal dienaren, broeders en vrienden van zowel Hem als elkaar.

Wat wil je, bazen of broeders?

En wat gebeurt er als broeders het niet met elkaar eens zijn? Als je toegewijd bent om met elkaar op weg te gaan en met elkaar te werken, zul je op elkaar moeten wachten, totdat je allemaal hetzelfde hoort van de Meester. En als je het niet met elkaar eens wordt? Dan zorg je, net als Paulus en Barnabas in Handelingen 15:36–40, dat je het eens bent over het feit dat je het niet met elkaar eens bent, en ga je verder.

4. Hoe zit het met onjuistheden en valse leer in simple churches?

Laat me Roland Allen citeren: "Ware geloofsleer is een gevolg van de ware ervaring die voortvloeit uit de kracht van Christus in plaats van alleen maar een intellectuele instructie. Misleiding ontstaat niet door onwetendheid maar door de speculaties van geleerden."[47] Vertrouwen wij de Heilige Geest net zoals Jezus de Heilige Geest vertrouwde? Hij vertrouwde erop dat de Heilige Geest ons de weg zou wijzen naar de volle waarheid. Dat was het vertrouwen dat Hij had toen Hij de discipelen verliet nadat Hij drie jaar bij hen was geweest. Maken we mensen afhankelijk van onszelf of van de Heilige Geest? Zouden wij Johannes 16 geschreven kunnen hebben voor onze discipelen?

5. Het lijkt alsof je zegt dat iedereen die een grote bediening leidt verkeerde motivaties heeft, dat degenen die op een olifant rijden dit alleen maar doen om gezien te worden.

Ja, daar lijkt het misschien wel op. Maar er zijn veel verschillende dienstbare leiders in veel verschillende omstandigheden. God heeft olifanten en eikenbomen geschapen. Er zijn goede leiders die op olifanten rijden, met veel volgelingen die ervan houden om de olifanten te eten te geven. Maar het gaat niet om het vinden van een paar goedhartige olifantenrijders met goede motivaties, die vervolgens alle twijfelachtige motivaties rechtvaardigen van degenen die een poging doen om te rijden op de olifant genaamd 'persoonlijke ambitie'. Het gaat erom dat we volgelingen van Jezus zijn en dat we handelen zoals Hij ons opgedragen heeft.

Zijn we volgelingen van Jezus of volgelingen van succesvolle mensen? De realiteit is dat als we dingen doen die Jezus zelf niet deed en ons ook niet opdroeg, we zelfs met de beste motivaties op de verkeerde plaats terechtkomen. We zijn volgelingen van het toonbeeld en de geboden van Jezus! Desalniettemin vind ik het onbegrijpelijk hoe iemand die een duidelijke openbaring van Jezus en Zijn Koninkrijk heeft, tevreden kan blijven met het voeren van olifanten.

---

[47] Roland Allen, "The Spontaneous Expansion of the Church", p126, (London World Dominion Press), 1927.

Hoofdstuk 8

AFWIJZING, AANVAARDING EN IDENTITEIT

"Maar als jullie een stad binnengaan waar je niet welkom bent, trek dan door de straten en zeg: "Zelfs het stof van uw stad dat aan onze voeten kleeft, vegen we van ons af als aanklacht tegen u; maar bedenk wel: het koninkrijk van God is nabij!"

Lucas 10:10–11

De velden zijn rijp en klaar om geoogst te worden, maar als je niet ontvangen wordt, veeg dan het stof van die plaats van je af en ga verder! Jezus doet hier aan verwachtingsmanagement! "Niet iedereen heeft mij ontvangen en niet iedereen zal jullie ontvangen. Wapen jezelf met deze kennis en laat je niet in verwarring brengen. Begrijp dat dit niets persoonlijks is. Het gaat niet om jou. Het gaat om het Koninkrijk van God dat dichtbij die mensen kwam, en dat ze afwijzen."

Iemand zei eens: "De hel is exact ontvangen waar we om gevraagd hebben; precies krijgen wat we wilden." Wijs je het Koninkrijk van God af? God zal je keuzes met betrekking tot de eeuwigheid respecteren en je zult ontdekken hoe het is om daar te zijn waar Gods genade niet is. Wil je met rust gelaten worden? Je zult ontdekken hoe schrikbarend alleen je bent zonder een glimp van Gods aanwezigheid te kunnen opvangen. Wil je de dingen op jouw manier doen? Je zult de eeuwigheid hebben om te beseffen wat je eigen manier van doen je gebracht heeft.

Er bestaat niet zoiets als positieve kou. Je kunt iets niet kouder maken door kou toe te voegen. Je kunt iets alleen kouder maken door meer en meer warmte-energie te onttrekken. Het absolute nulpunt is de afwezigheid van alle warmte-energie; er is geen energie meer om te onttrekken.

Er bestaat niet zoiets als positieve duisternis. Je kunt door meer duisternis toe te voegen, duisternis niet duisterder maken. Duisternis wordt duisterder door meer en meer licht weg te nemen. Totale duisternis is de afwezigheid van elke bron van licht.

Er bestaat niet zoiets als positief kwaad. Iemand wordt niet een slechter persoon doordat hij zich meer en meer met kwaad inlaat, maar doordat hij gerechtigheid meer en meer afwijst. Absoluut kwaad is de afwezigheid van elke vorm van gerechtigheid. Er bestaat niet zoiets als positieve haat. Je kunt iemand niet haatdragender maken door meer haat toe te voegen. Iemand haat meer door liefde meer en meer af te wijzen. Volledige haat is de afwezigheid van alle liefde.

Wijs je het Koninkrijk af? Wijs je God af? Wijs je Zijn gerechtigheid en Zijn liefde af? Dan zal Hij je keuze respecteren en niet toestaan dat Zijn Koninkrijk, Zijn liefde, Zijn licht, Zijn gerechtheid en Zijn genade door je heen zullen stromen. Als dat gebeurt, zul je beseffen dat Hij de bron is van al het goede.

God schiep het kwaad niet. God staat geen kwaad toe. Hij staat gewoonweg toe dat we onze gang gaan. Wijs je Hem af? Dan zal Hij je keuze respecteren en zullen absolute eenzaamheid en duisternis je deel zijn.[48]

Deze dynamiek van aanvaarding en afwijzing is angstaanjagend. De vrijheid die we als mens hebben om keuzes te maken die van belang zijn voor de eeuwigheid, zijn zowel schitterend als beangstigend.

Anderszijds is het ook geweldig dat Jezus zich volledig identificeert met ons terwijl we de oogsttijd ingaan. Aanvaarden of afwijzen betekent Hem aanvaarden of afwijzen, en Hem aanvaarden of afwijzen betekent de hemelse Vader aanvaarden of afwijzen. Wij zijn Zijn lichaam en Hij maakt ons volledig één met Zichzelf. Dat is dezelfde waarheid waar Paulus op weg naar Damascus mee werd geconfronteerd toen Jezus hem vroeg: "Saul, Saul, waarom vervolg je mij?' Hij vroeg: 'Wie bent u, Heer?' Het antwoord was: 'Ik ben Jezus, die jij vervolgt." Handelingen 9:4–5

In Matteüs 25 vereenzelvigt Jezus zich nogmaals compleet, volledig en onvoorwaardelijk met ons als Hij de rechtvaardige prijst voor het bezoeken van de zieken en gevangenen, het eten geven aan de hongerigen, kleding aan de naakten en onderdak aan de vluchtelingen. Hij vertelt hun: "alles wat jullie gedaan hebben voor een van de onaanzienlijksten[49] van mijn broeders of zusters, dat hebben jullie voor mij gedaan." Vervolgens gaat Hij verder met deze identificatie wanneer Hij tegen degenen links van Hem zegt: "Alles wat jullie voor een van deze

---

[48] Dit argument wordt toegeschreven aan de jonge Albert Einstein op de YouTube film, 'Did God create evil?'.
[49] In deze bijbeltekst staat 'onaanzienlijksten', maar hier zal in het vervolg van deze handleiding 'minsten' voor worden gebruikt.

onaanzienlijken niet gedaan hebben, hebben jullie ook voor mij niet gedaan." Hen afwijzen betekent dat je Hem afwijst.

Jezus vereenzelvigt zichzelf volledig, compleet en absoluut met de armen, de mensen die lijden, de minsten en gebrokenen. Hij plaatst Zijn gezicht als het ware op die van elk hongerig weeskind en elke zieke baby.

Mensen die van goede wil zijn stellen vaak moeilijke vragen. "Waar is God temidden van zoveel lijden? Hoe kon God die dingen laten gebeuren? Hoe kan Hij een God van liefde zijn en niets doen? Heeft Hij echt zo weinig macht en is Hij echt tot zo weinig in staat? Hoe bestaat het dat Hij een machtige God is die het universum schiep en niets doet? Is Hij zo zwak dat Hij Zijn liefde niet kan uiten?"

God ziet de wereld die Hij geschapen heeft en kijkt naar de mens die Hij vrijheid heeft gegeven en met wie Hij samenwerkt in het zorgen voor en onderhouden van deze wereld. En Hij stelt ons dezelfde vragen. "Hoe kun je lijden laten gebeuren? Ben je echt zo machteloos? Kan het je echt zo weinig schelen?"

Het is waar, niemand van ons kan alles doen, maar iedereen kan iets doen. Waarom doen we zo weinig? We hebben de middelen en we hebben het vermogen om iedereen op aarde eten, kleding, onderwijs en onderdak te geven. We hebben er gewoon geen zin in. We geven liever geld uit aan gebouwen, conferenties, geluidsinstallaties en persoonlijke genoegens, dan dat we kleine kinderen te eten geven.

Waar is God in al dit lijden? Hij is op twee plaatsen. Hij is in degene die lijdt: Hij is in de minsten; en Hij is in Zijn lichaam: Hij woont in Zijn volk. God wordt zichtbaar als Zijn volk de mensen dient die gebroken zijn en lijden. God wordt zichtbaar als Zijn volk de minsten omarmt.

Deze openbaring van God is niet een openbaring van de machtige en krachtige God die mensen zou kunnen dwingen om Hem te aanbidden. Gedwongen aanbidding is geen aanbidding. Dit is de God die mens werd. Dit is het Woord dat vlees geworden is, en mensen kunnen kiezen om de heerlijkheid te aanschouwen van Gods eigen Zoon, die vol genade en waarheid is. Dit is de God die een baby werd in de baarmoeder van een maagd en die opgroeide om te zeggen: "Laat de kinderen tot Mij komen, want het Koninkrijk van God behoort toe aan wie is zoals zij".

Wie ervoor kiezen om deze heerlijkheid te zien, kiezen ook voor liefde en aanbidding, en worden zoals Hij. Ze kiezen om gevuld te worden door Hem, en om Hem in en door hen te laten leven. Ze kiezen ervoor om het wonder van de menswording van Jezus voort te zetten. Ze kiezen om de minsten te omarmen.

Bovenaan de 'top' van Gods Koninkrijk staan, betekent de minste
zijn. Wat je doet voor de minste doe je voor Jezus. Dit Koninkrijk is de
omgekeerde wereld.

Veelgestelde vragen

1. Dus God schiep het kwaad niet?

Nee, God schiep het kwaad niet. God schiep zowel de mens als de
engelen met een gemeenschappelijke eigenschap, namelijk de keuze-
mogelijkheid om Gods heerlijkheid te aanbidden of af te wijzen.

Duisternis en haat, zelfgerichtheid en het verlangen naar macht
zijn manifestaties van een wil die de heerlijkheid van opofferende
liefde heeft afgewezen.

2. Dus God heeft niet de touwtjes in handen?[50]

Nee, God heeft niet de touwtjes in handen op een manier dat alle
details van ons leven voorbestemd zijn door Hem. Onze keuzes zijn
echt van belang en hebben eeuwigheidswaarde. We zijn geen schep-
sels die ondergeschikt zijn aan een mechanisch noodlot. We leven in
een Koninkrijk waarin genade en wijsheid een verschil maken.

Ja, al Gods doeleinden zullen worden vervuld! Alles wat Hij een
bestemming heeft gegeven in Christus, zal tot stand komen. Maar
het is bijvoorbeeld net als dat je een algemeen plan hebt om van
Oslo naar Brussel te reizen. Je kunt er naartoe vliegen. Je kunt met
de trein gaan. Je kunt ook met de auto gaan en vervolgens met de
veerboot de oversteek maken van Oslo naar Duitsland of
Denemarken. Je kunt tussen verschillende snelwegen kiezen. Je kunt
een jacht huren en voornamelijk over zee reizen en vervolgens van
Antwerpen met de auto naar Brussel rijden, of de wateren richting
Brussel verder bevaren. Je kunt ervoor kiezen om de veerboot te
pakken en het grootste gedeelte van de weg te gaan lopen. Elke
vlucht, elke autoroute, elke wandeling kan verschillende kanten op
gaan. Op elke reis kan je een ongeluk krijgen of vertraging oplopen.

---

[50] Om dieper op dit onderwerp in te gaan, beveel ik de volgende twee boeken aan: *God of the Possible: a Biblical Introduction to the Open View of God,* Greg Boyd, Baker Books, Grand Rapids MI, 2007.

Who is God and *Christianity Unshackled* by Harold Eberle, World Cast Publishing, Yakima, WA.

Er kan heel veel gebeuren. Hoe ga je daarmee om? Er zijn heel veel manieren om op je eindbestemming te komen! De heerlijkheid van God houdt in dat Hij door het wonder van het kruis het grootste menselijke falen kan veranderen. Vergeving is krachtiger dan welke overtreding dan ook. Zegen is krachtiger dan elke vloek. De liefde faalt nooit. God kan elke reis, elke omweg en elke mislukking veranderen in een uitdrukking van genade en heerlijkheid!

Tijdens een van mijn eerste reizen naar Centraal-Azië werd ik door de bergen gereden door een chauffeur die vastbesloten leek te zijn om ons allemaal de dood in te jagen. We reden bergopwaarts, en zonder zicht te hebben op tegenliggend verkeer haalde hij auto's in. Terwijl we een grote kiepwagen inhaalden en bijna een botsing hadden met een auto die met hoge snelheid bergafwaarts reed, liet ik de auto stoppen. Ik bereidde me voor om uit te stappen en verder te lopen als het rijgedrag van de chauffeur niet zou veranderen. Mij werd verteld dat ik zijn chauffeurscultuur niet begreep, "Als God wil dat we sterven, sterven we, maar zo niet dan zullen we leven!" Mijn reactie was dat we geen moslims zijn. We zijn geen passieve slachtoffers van een mechanisch noodlot, maar we zijn volgelingen van Jezus die wandelen in genade en wijsheid.

God oefent geen macht op ons uit. We zijn geen tandwielen in een machine. Wij oefenen geen macht uit op God. Er bestaan geen geloofsformules om je leven te vrijwaren van lijden en moeilijkheden. Met geen enkele geloofsformule kun je God in je broekzak stoppen.

We hebben niet altijd een keus wat betreft onze omstandigheden, maar onze reacties op onze omstandigheden kunnen we altijd kiezen. We zijn nooit slachtoffers, tenzij we daarvoor kiezen.

"Maar alles werkt mee tot de heerlijkheid van God, en we kunnen ons 'gelukkig prijzen in onze ellende', omdat we weten dat het hoop geeft en hoop stelt niet teleur 'omdat Gods liefde in ons hart is uitgegoten door de heilige Geest, die ons gegeven is." Romeinen 5:1-5

"En we weten dat niets ons kan 'scheiden van de liefde van Christus' en dat 'we meer dan overwinnaars zijn door Hem die ons heeft liefgehad."[51] Romeinen 8:18-39

---

[51] NBG-vertaling.

Hoofdstuk 9

JE VERHEUGEN IN RELATIES

"De tweeënzeventig keerden vol vreugde terug en zeiden: 'Heer, zelfs de demonen onderwerpen zich aan ons bij het horen van uw naam.' Hij zei tegen hen: 'Ik heb Satan als een lichtflits uit de hemel zien vallen! Bedenk wel: ik heb jullie de macht gegeven om slangen en schorpioenen te vertrappen en om de kracht van de vijand te breken, zodat niets jullie kan schaden. Verheug je er echter niet over dat de geesten zich aan jullie onderwerpen, maar verheug je omdat jullie naam in de hemel opgetekend is."

Lucas 10:17–20

"Op dat moment begon hij vervuld van de heilige Geest te juichen en zei: 'Ik loof u, Vader, Heer van hemel en aarde, omdat u deze dingen voor wijzen en verstandigen hebt verborgen, maar ze aan eenvoudige mensen hebt onthuld. Ja, Vader, zo hebt u het gewild. Alles is mij toevertrouwd door mijn Vader, en niemand dan de Vader weet wie de Zoon is, en wie de Vader is weet alleen de Zoon en iedereen aan wie de Zoon het wil openbaren."

Lucas 10:21–22

A. Alle macht

Deze verzen in Lucas resoneren Matteüs 28:18–20 en het is heel opmerkelijk hoe deze teksten worden toegepast. Jezus verklaart dat Hij alle macht heeft in hemel en op aarde en Hij verklaart dat Hij zijn volgelingen macht geeft 'over de kracht van de vijand', maar nergens in de evangeliën geeft Jezus zijn volgelingen de macht over ook maar één andere volgeling van Hem.

Nergens in het Nieuwe Testament heeft de ene Heilige Priester macht gekregen over de andere Heilige Priester. De opvallende opdracht is: "Laat de geest u vervullen... Dank God die uw Vader is.... Aanvaard elkaars gezag uit eerbied voor Christus.' (Efeziërs 5:18–21). De betekenis van dat de Heilige Geest in ons woont, moet zichtbaar zijn in wederzijds respect tussen iedereen die eveneens vervuld is met de Heilige Geest. Als de troon van God in het hart van je broeder is, hoe kun je jezelf dan boven hem plaatsen?

Maar Jezus geeft ons macht over 'de kracht van de vijand'. Het is geweldig als je getuige bent van genezing en bevrijding. Dat is simpelweg de manifestatie van het Koninkrijk van God. Het is het zichtbaar worden van het Koninkrijk dat *hier* is. Het Koninkrijk van God is gekomen. Het is hier. Maar wat als er niets gebeurt als je bidt? Hebreeën 2:8–9 omvat de waarheid van 'alle macht' en de realiteit dat niet iedereen geneest in dit leven en wij moeten deze waarheid ook omvatten.

> *"Alles hebt u aan hem onderworpen. Doordat hij alles aan hem onderworpen heeft, rest er niets dat niet onder zijn gezag is gesteld. Dat alles aan hem onderworpen is, zien wij echter nu nog niet; wel zien we dat Jezus — die voor korte tijd lager dan de engelen geplaatst was opdat zijn dood door Gods genade iedereen ten goede zou komen — vanwege zijn lijden en dood nu met eer en luister gekroond is."*

We zien Jezus, maar we zien nog niet alles wat aan Hem onderworpen is. We lijden zoals ook Hij geleden heeft. 1 Korintiërs 15:20–28 omvat diezelfde waarheid. "Hij moet Koning zijn totdat 'God alle vijanden aan Zijn voeten heeft gelegd'. Hij is Heer, maar nog niet alles is aan Hem onderworpen. Hij heeft alle macht, maar niet iedereen aanbidt Hem."

Het Koninkrijk is hier, maar het Koninkrijk komt nog.
Het Koninkrijk is nu en het Koninkrijk is nog niet.
Het Koninkrijk is gekomen en het Koninkrijk komt.
Het Koninkrijk kan komen, omdat het Koninkrijk al gekomen is.
Het Koninkrijk blijft komen als nieuwe mensen de Koning lief gaan hebben en gehoorzamen.

Dit geloven we, of we de belofte nu vervuld zien worden of dat we moeten lijden om deze vervuld te zien worden (Hebreeën 11:39–40) We zien misschien nog niet alles aan ons onderworpen, maar we zien Jezus wel!

B. Het voornaamste is relaties

Toch is het voornaamste niet de macht over demonen. Jezus stierf niet zodat je een bediening kon hebben. Hij stierf zodat je een relatie zou kunnen beginnen met Zijn Vader. Eugene Peterson[52] vertaalt Matteüs 11:25–30 zo goed.

> *Plotseling begon Jezus te bidden: "Dank U, Vader, Heer van hemel en de aarde. U heeft uw wegen verborgen voor de geraffineerden en betweters onder ons, maar*

---

[52] The Message.

heeft ze tot in de puntjes duidelijk gemaakt aan gewone mensen. Ja, Vader dat is de manier waarop U graag werkt."

Jezus praatte vervolgens verder met de mensen, maar nu was hij milder. "De Vader heeft me dit alles te doen en te zeggen gegeven. Dit is een unieke Vader-Zoon missie, die voortgekomen is uit de intimiteit en gemeenschap tussen Vader en Zoon. Niemand kent de Zoon zo goed als de Vader en andersom. Maar dit hou ik niet voor mezelf; ik ben bereid om het beetje bij beetje uit te leggen aan wie het maar wil horen.

"Ben je moe? Uitgeblust? Opgebrand door religie? Kom bij Mij. Ga met Me mee en je zal je leven weer hervinden. Ik zal je laten zien hoe je echt rust neemt. Leef met Mij en werk met Mij; kijk hoe Ik het doe. Leer het ongedwongen ritme van genade. Ik zal niets zwaars op je schouders leggen of je iets geven wat slecht bij je past. Houd me gezelschap en je zal leren hoe je vrij en lichthartig kunt leven."

Voor de zondeval, voordat de mens verzoening nodig had, voordat satan ging heersen op aarde, voordat de mensheid verdorven was en voordat er menselijke nood was, had God al een doel met Zijn Zoon. Dat doel was om de mens te scheppen om relatie met Hem te hebben. Hij verlangde naar zonen om Zijn hart mee te delen. Voor God de Zoon verlangde Hij naar broeders om Zijn hart te vermenigvuldigen. Hij verlangde naar een levende tempel voor de Heilige Geest, zodat de Heilige Geest Zijn hart van aanbidding voor de Vader en het Woord kon delen en vermenigvuldigen.

Gods verlangen was dat het mysterie van passie en vuur in het binnenste van Zijn wezen vermenigvuldigd zou worden in het hart van de mens. En dat zij in vrijheid zou kiezen om datzelfde mysterie van passie en vuur binnen te gaan. Eén persoon kan geen liefde worden genoemd. Eén enkel persoon kan alleen maar beschreven worden als liefdevol. God de Vader, God het Woord en God de Geest is een relatie tussen drie personen die zich wederzijds onderschikken, elkaar vertrouwen, eren, respecteren en liefhebben. God is liefde!

Jezus is en was het Lam dat geslacht is vóór de grondlegging van de wereld, omdat het mysterie van liefde een leven is dat afgelegd is in eer, vertrouwen en opoffering voor de ander. Liefde is in eerste instantie geen gevoel; ook in tweede instantie niet. Het is een volledige verbintenis voor het leven, in het belang van de ander. De vruchten van die verbintenis zijn misschien sterke gevoelens, maar mogelijk heeft die verbintenis eerst lijden en opoffering tot gevolg.

Alle doeleinden die God de Vader de hele eeuwigheid door beoogde en voorbereid had, en ons in de tijd van het Nieuwe Testament liet zien, vertrouwde Hij toe aan God de Zoon. De Vader vertrouwde er volledig op dat God de Zoon alleen zou doen wat Hijzelf deed. De Vader was er zeker van dat het Woord alleen zou zeggen wat Hijzelf zei. De Vader vertrouwde God de Zoon volkomen en de Zoon beantwoordde dat vertrouwen volledig, tot in de dood aan het kruis. God de Zoon probeerde nooit Zijn eigen wil te doen, maar alleen de wil van de Vader. Daarom zegt de Vader dat als iemand God de Zoon niet ontvangt, hij Hem niet kan kennen. De Vader eert God de Zoon in alles wat Hij doet, en Hij ontvangt ons alleen via Hem.

Alles wat Jezus van de Vader had ontvangen gedurende de eeuwigheid en wat zichtbaar werd door de tijd, vertrouwde Hij volledig toe aan de Heilige Geest. Jezus vertrouwt erop dat de Heilige Geest alleen maar het Woord openbaart en nooit over Zichzelf spreekt; net als God de Zoon openbaart de Heilige Geest alleen God de Vader. Alles waar God de Zoon voor stierf, legde Hij in de handen van de Heilige Geest, en nu wacht Hij tot de Heilige Geest dit in de wereld zal voleinden. Omdat de Heilige Geest God de Zoon volledig eer bewijst, bewijst God de Zoon de Heilige Geest volledig eer. Daarom zal Hij alle zonden tegen Zichzelf vergeven, behalve de zonde van het afwijzen van de Heilige Geest. Niemand kan tot God de Zoon komen dan door de bediening van de Heilige Geest.

Alle doeleinden die de Vader, het Woord en de Heilige Geest door de eeuwigheid heen beoogden en ons door de tijd lieten zien, hebben ze toevertrouwd aan het huisgezin van God de Vader, het lichaam van Christus en de levende Tempel van de Heilige Geest. De God die een volmaakte gemeenschap is van wederzijds eerbetoon, vertrouwen en onderwerping, heeft Zichzelf en de uitwerking van Zijn doeleinden op aarde beperkt door Zijn relatie met de mens.

Zijn doeleinden zullen bereikt worden door middel van relaties in plaats van onzuiver machtsvertoon. Hij is een liefdesrelatie. De liefde is het voornaamste. Hij nodigt ons uit om in die relatie met Hem te komen. Zijn doel is niet alleen om de gevallen schepping te verzoenen. Zijn doel was om in en door iedereen de heerlijkheid van God de Zoon te laten zien, door middel van onze relatie met Hem.[53]

Jezus stierf niet alleen maar zodat je een goed en gelukkig leven kan leven. Dat is religieus humanisme. Jezus stierf, zodat je tot eer en glorie van God kan leven. Voor Stefanus betekende dat dood door steniging.

---

[53] De eerste keer dat ik dit begon te beseffen en begrijpen, was toen ik eind jaren '70 DeVern Fromke hoorde spreken. Ik zal de passie en de nederigheid waarmee hij sprak nooit vergeten. Zijn book 'The Ultimate Intention' is een klassieker.

Wat zal het voor jou betekenen? Het is aan God om te bepalen wat tot eer en glorie van Zijn naam is, niet aan jou.

Jezus stierf niet zodat jij gelukkig kan zijn in de hemel. Dat is nog steeds religieus humanisme. De mens is niet het middelpunt en de maatstaf van alles. Jezus stierf zodat je tot eer en glorie van God kan leven, hier en nu.

C. Ik heb jullie vrienden genoemd

"Er is geen grotere liefde dan je leven te geven voor je vrienden. Jullie zijn mijn vrienden wanneer je doet wat ik zeg. Ik noem jullie geen slaven meer, want een slaaf weet niet wat zijn meester doet; vrienden noem ik jullie, omdat ik alles wat ik van de Vader heb gehoord, aan jullie bekendgemaakt heb." Johannes 15:13–15

Hij die zich rechtmatig alle posities, titels, eer, glorie en gezag kon toe-eigenen, deed dit niet! Hij keek de mannen die Hem al snel zouden verraden in de ogen en noemde hen Zijn vrienden. Toen Hij dit deed haalde Hij absoluut, volledig en voor altijd alle mogelijke gelegenheden voor hiërarchie binnen zijn Koninkrijk neer. Piramides zijn voor de doden!

Voor de troon is een glazen zee! Er zijn geen bergen of valleien op die zee. Elke vallei is verhoogd en elke berg met de grond vereffend. We zijn allemaal broeders en zusters voor de troon! Daarom staan er veertig 'elkaargeboden' in het Nieuwe Testament! Het hoogste gebod is vriendschap!

In elke hiërarchie zijn de mensen onderaan altijd ondergeschikt aan anderen. Hiërarchische leiders gebruiken misschien vriendschappelijke taal, maar dat is geheimtaal voor bevel en controle. Piramides worden door slaven gebouwd. In elke hiërarchie zijn de mensen die boven je staan jouw hoofd. Je kunt je aan hen onderwerpen, maar meestal is de motivatie hiervoor om vervolgens hun plaats in te nemen. Je kunt vriendschappelijke taal gebruiken, eer en respect, maar succes behaal je door steeds verder op te schuiven in de rangorde. Degenen boven en naast je zijn je rivalen.

Jezus geeft ons de opdracht om niet te leiden zoals de heidenen, die macht uitoefenen op hun onderdanen. We moeten leiding geven zoals Jezus dat deed. Hij beoogde met Zijn leiderschap om Zijn hele hart te delen en Zijn hele leven af te leggen voor Zijn vrienden (Johannes 15:15). Je geeft je leven echt alleen maar op voor vrienden. Als je doel is om hoger op de ladder te komen, zul je nooit vrienden hebben; dan zul je alleen mensen om je heen hebben die je gebruikt.

Eugene Peterson vertaalt 1 Korintiërs 10:14 confronterend: *"Dus, mijn geliefde vrienden, als je ziet dat mensen God minimaliseren, tot iets of iemand die ze kunnen gebruiken, maak dan dat je wegkomt uit hun gezelschap."*

Het doel van discipelschap is om vrienden te krijgen, om een toonbeeld te zijn van gelijkwaardige relaties die de relaties tussen de Vader, het Woord en de Heilige Geest reflecteren. Het doel is relaties waarin de wereld liefde kan zien, wederzijdse eer, vertrouwen en dienstbaarheid binnen de Godheid.

Het voorbeeld van Jezus zoals dat verteld wordt in Johannes 16 is nog meer verbijsterend! *"Werkelijk, het is goed voor jullie dat ik ga, want als ik niet ga zal de pleitbezorger niet bij jullie komen, maar als ik weg ben, zal ik hem jullie zenden."* Johannes 16:7

De discipelen konden zich niets ergers voorstellen dan dat Jezus wegging! Jezus, de beste leider die ooit op aarde heeft rondgelopen, vertelt hen dat het beter voor hen is dat Hij weggaat! En wij denken dat wij belangrijk en zelfs onvervangbaar zijn. Wie denken we wel dat we zijn? Jezus wist dat het voor de discipelen beter was om de innerlijke leiding van de Heilige Geest te hebben dan Zijn eigen leiding in vlees en bloed! Jezus wilde dat Zijn vrienden hetzelfde innerlijke vuur kenden dat Hij kende.

Onze taak is om alle obstakels uit de weg te ruimen die onze vrienden ervan weerhouden om zowel de innerlijke leiding van de Heilige Geest te kennen als het praktische en persoonlijke leiderschap van Jezus, in hun eigen leven en in ons gemeenschappelijke leven. Wij zijn vaak het grootste obstakel! Het doel van discipelschap is 'een vriend die er helemaal op vertrouwt dat de Heilige Geest die in hem woont, hem de weg zal wijzen naar de volle waarheid'. (Johannes 16:13)

Zo veel menselijk leiderschap is gericht op het voortbrengen van mensen die afhankelijk van ons zijn, zich aan ons onderwerpen, ons dienen, ons eer bewijzen en steunen.

Afhankelijkheid creëren is ons eigen Koninkrijk creëren. Het is verraad van de Koning der Koningen.

Jezus was bereid om volledig te vertrouwen op de bekwaamheid van de Heilige Geest om de mens de weg te wijzen naar de volle waarheid. Vertrouwen wij Hem ook? Dat is waarom Jezus moest gaan! Daarom gaf Hij de discipelen de opdracht om discipelen voort te brengen en daarna naar het eerstvolgende dorp te gaan om de volgende zoon des vredes te vinden. Ze moesten geen afhankelijkheid van zichzelf creëren. Ze moesten niet blijven om koningen te worden. Ze moesten vrienden voorstellen aan de Koning der Koningen om hen vervolgens aan Zijn zorg toe te vertrouwen.

D. De verantwoordelijkheden en vrijheden van vriendschap

Natuurlijk is het zo dat als vrienden het Koninkrijk van God omarmen in hun leven, ze daarmee ook wat basisverantwoordelijkheden zullen moeten omarmen. En daar ontstaat het probleem! Vaak willen mensen de verantwoordelijkheden van vrijheid niet op zich nemen. Ze hebben liever een slaafse vrijheid die geen verantwoordelijkheden met zich meebrengt. Ze laten zich liever door een koning vertellen wat ze moeten doen! Er zijn altijd mensen die een koning willen en weer anderen die koning willen zijn, maar door dit te bewerkstelligen laten beide partijen zien dat ze nog nooit een koning hebben gezien!

Ik ben van mening dat het Koninkrijk van God uit vier basisverantwoordelijkheden of vrijheden bestaat. Je discipelen bemoedigen om deze vrijheid te omarmen is één van de belangrijkste verantwoordelijkheden van degene die discipelen voortbrengt.

1. *Zoek zelf de Koning!*

Dat betekent dat je jezelf te eten gaat geven! Dat betekent dat je Zijn genade laat regeren in je leven. Je leeft of uit genade of uit afhankelijkheid! Een verkeerde afhankelijkheid van de goedkeuring van anderen, hun macht en hun aandacht is relationele verslaving. Dat geeft ongezonde en verstikkende relaties. Tenzij we het vlees en bloed van Jezus eten en drinken, (Johannes 6:35) hebben we geen leven in ons, en hebben we niets te geven.

Vaak horen we van mensen die naar kerkelijke gemeenten gaan dat hun voorganger hen of 'goed voedt', of 'niet meer voedt'. Als je een acht maanden oude baby voedt is dat normaal, maar als je een jongen van achttien nog voedt, hebben jullie allebei een groot probleem! Waarom zou een volwassen persoon door iemand anders gevoed willen worden?

2. *Vervul de 'elkaar-geboden' met een paar mensen*

Als je geen kerk kan zijn met je echtgenoot, of met twee of drie anderen, dan is verdere openlijke aanbidding alleen maar een show.

> *"Dan zullen we, door ons aan de waarheid te houden en elkaar lief te hebben, samen volledig toe groeien naar hem die het hoofd is: Christus. Vanuit dat*

hoofd krijgt het lichaam samenhang, en wordt het ondersteund en bijeengehouden door alle gewrichtsbanden. Ieder deel draagt naar vermogen bij tot de groei van het lichaam, dat zo zichzelf opbouwt door de liefde."
Efeziërs 4:15

Deze tekst is één van de belangrijkste 'elkaar-geboden', ook al wordt dat niet letterlijk genoemd. Maar de woorden 'het lichaam', 'alle gewrichtsbanden' en 'ieder deel draagt naar vermogen bij', worden gebruikt, en de betekenis is heel duidelijk! Als we niet de waarheid tegen elkaar spreken in liefde, dan wordt het lichaam niet volwassen.

Ik moet liefde en geloofsovertuiging hebben om tegen mijn vrienden alle waarheid, zelfs ongemakkelijke waarheid, te spreken. Ik moet nederigheid hebben en vertrouwen om de waarheid van mijn vrienden en echtgenoot te horen. Onvolwassenheid en hoogmoed richten dat proces te gronde. Als ik niet genoeg van je houd om je de waarheid te vertellen, dan wijs ik je eigenlijk af en verwoest ik vriendschap. Als ik niet nederig de waarheid kan ontvangen van jou, dan heb ik je nooit echt liefgehad en vertrouwd als vriend.

Een groot deel van het lichaam van Christus blijft in een geestelijke staat van waanzin en enorme onvolwassenheid, omdat het vanaf de kansel alleen algemene waarheden te horen krijgt. Dit is 'eenrichtings-waarheid'. We hebben waarheid nodig vanuit twee richtingen, namelijk gesproken én ontvangen waarheid vanuit het hart van vrienden. Als je discipelen wilt voorbrengen, moet je een toonbeeld zijn in het spreken en ontvangen van waarheid, persoonlijk en van hart tot hart.

Jezus was deel van een Oosterse cultuur, maar Hij doorbrak de Oosterse gewoonte om je gezicht te redden en ongemakkelijke waarheden te ontwijken. Hij doorbrak de eercultuur door Zijn generatie en Zijn vrienden de waarheid te vertellen. Elke cultuur kampt met zijn eigen problemen omtrent het spreken van de waarheid. Zonder nederige en gepassioneerde verbintenis met de waarheid, zijn we binnen de kortste keren mensen van de leugen.

Verantwoording afleggen werkt niet van boven naar beneden. Dat is gewoonweg een ander woord voor geestelijk misbruik. Verantwoording afleggen bestaat uit relaties op basis van vertrouwen en liefde, waarbij we in staat worden gesteld om waarheid te spreken en van anderen te horen. Als iemand iets niet deelt met zijn beste vrienden, met wie zal hij het dan wel delen?

De wereld is niet beledigd door nederigheid, eerlijkheid en afgang, maar wel door huichelarij, de welbekende 'doofpot', hoogmoed en leugens. We zijn volgelingen van Jezus en Hij is de Waarheid!

3. Maak discipelen van je eigen kinderen!

Als je geen discipelen van je eigen kinderen kan maken, hoe wil je dan andere landen tot discipelen maken? Als je geen relationele integriteit hebt binnen de relatie met je kinderen, met wie zul je dat dan wel hebben? Als je er niet in slaagt om een vader te zijn, wat maakt ander succes dan nog uit?

Een van de redenen dat zoveel kinderen uit christelijke gezinnen Jezus niet volgen als ze ouder worden, is omdat hun ouders het christelijke leven en bedieningen benaderden als een bedrijf in plaats van een relationele activiteit. Kinderen zien de ware motivaties. Kinderen zien de huichelarij en de prestatiegerichte mentaliteiten.

De belangrijkste voorwaarde om te zien of iemand geschikt is om oudste te zijn is karakter; hoe zijn karakter tot uiting komt in zijn gezin en hoe de wereld er omheen daarvan getuigt. Onze kinderen en de mensen met wie we zaken doen zijn niet onder de indruk van onze openbare gebeden en de hoeveelheid Bijbelteksten die we kunnen opzeggen. Zij zien ons karakter, hoe we onze echtgenoot behandelen en of we de rekeningen betalen. Zij zien of je sociale vaardigheden hebt en integer bent of dat je voornamelijk een rol speelt in een groot religieus toneelstuk.

4. Vermenigvuldig je relatie met de Koning door discipelen voort te brengen.

De **basisopdracht** van de Koning is om discipelen voort te brengen! Matteüs 28:18–20 is de Grote Opdracht, niet de Grote Suggestie. Dit gaat niet over evenementen of programma's! Discipelen ontstaan door een relationeel proces, geworteld in transparantie, nederigheid en de 'elkaar-geboden' die je *met elkaar* vorm geeft!

Alleen discipelen brengen discipelen voort. Maar als jouw discipelen geen discipelen voortbrengen, doe jij het ook niet! Succes wordt zichtbaar in de kleinkinderen. Succes vind je in de derde generatie! Onze Vader is de God van Abraham, Isaak en Jacob.

Als we zouden doen wat Hij ons opgedragen heeft, en we de volken zouden opleiden om alles te doen wat Hij ons opgedragen heeft, zou Hij Zijn belofte na kunnen komen en Zijn kerk kunnen bouwen.

Veelgestelde vragen

1. Hoe zit het met gebouwen? Is het niet zo dat er in het Nieuwe Testament geen gebouwen werden gebouwd vanwege armoede en vervolging?[54]

Klopt, er is geen historisch of archeologisch bewijs van gebouwen die gebouwd zijn met als doel om bijeenkomsten te houden tijdens de eerste drie eeuwen dat de kerk bestond. Maar dit kwam niet door armoede of vervolging. Veel gelovigen hadden geld en hoewel er tijden waren van vervolging, waren er ook tijden van vrede en vrijheid. Ze hadden de middelen en de vrijheid om gebouwen te bouwen als ze dat hadden gewild.

Er lag ook een intense culturele druk op de eerste gemeente om te bouwen, en om speciale gebouwen te gebruiken voor samenkomsten. De Joden hadden het synagoge systeem, met haar gebouwen en rabbi's als voorbeeld. De Romeinen hadden hun heidense tempels en priesters. De eerste gemeente moest vooral het hoofd bieden aan gewelddadige vervolging omdat ze geen speciale gebouwen en priesters hadden. In de ogen van de Romeinen was je een atheïst als je geen tempel had met een altaar. Zij waren atheïsten en feitelijk werden de eerste gemeenten vervolgd omdat ze atheïstisch zouden zijn.

De culturele druk was er, de financiële middelen waren er, en ook waren er tijden van vervolgingsvrijheid, die nog langer geduurd zouden hebben als de eerste gelovigen gebouwen hadden gebouwd. De eerste heiligen bouwden geen gebouwen op basis van de openbaring en overtuiging die ze hadden. Ze geloofden in het priesterschap van alle gelovigen, waardoor ze een speciale priesterlijke klasse steunden noch goedkeurden. Ze geloofden dat het Koninkrijk van God gekomen was en omarmden het hele leven. Daarom geloofden ze niet in speciale heilige plaatsen. De hele aarde is van God! Jezus stierf om al het leven en al het menselijke handelen te heiligen. Ze kwamen in hun huizen bij elkaar om te laten zien dat ze geloofden dat hun lichaam de tempel van de Heilige Geest was, en dat God niet in handgemaakte tempels woont maar in een levende tempel, gebouwd van levende stenen. De levende stenen

---

[54] Dit is een samenvatting over dit onderwerp, uit het fantastische werk 'Pagan Christianity' van Frank Viola.

kwamen bij elkaar waar het leven ook maar geleefd werd, om juist daar te laten zien dat Jezus in hun midden was.

In overeenstemming met hun geloof dat het volk van God de tempel van God is, investeerden ze geen geld in bouwstenen en cement, maar in mensen. In het Nieuwe Testament werden collectes opgehaald voor de slachtoffers van hongersnoden, voor de wezen, de weduwen en de armen.

Wij zouden grotendeels in de behoeften van de armen kunnen voorzien, in huizen, scholing, voedsel en water. En dit zou kunnen als het geld dat wereldwijd in gebouwen, geluidsinstallaties en beheer geïnvesteerd wordt, geïnvesteerd zou worden in de ware tempel van God, de kinderen van God. Mattéüs 25 verklaart dat alles wat we gedaan hebben voor één van de minsten van onze broeders of zusters, we dat voor Jezus gedaan hebben. Dat is de norm waarmee we geoordeeld zullen worden. Dat is de de norm waarmee Jezus de schapen van de bokken zal scheiden.

Gebouwen gaan niet over het liefhebben van mensen en Jezus dienen. Gebouwen gaan over onze eigen kleine koninkrijken. Gebouwen gaan over het projecteren van macht en prestige. Het zijn gedenktekens voor onze eigen hoogmoed en onze behoefte om net als andere godsdiensten om ons heen te zijn.

Elke euro die geïnvesteerd wordt in een gebouw, is een euro minder om de armen eten te geven, de naakten te kleden, de zieken te verzorgen en de gevangenen te bezoeken. Elk gebouw is een monument voor zelfzuchtigheid en hoogmoed, dus zal elke geïnvesteerde euro door Jezus gezien worden als 'bokkengeld'.

Degenen die verhalen uit het Oude Testament gebruiken over de bouw van de tabernakel of de tempel slaan de plank echt mis. We zijn geen deel van het Oude Verbond maar deze opvattingen zijn zo diep geworteld! De raad van Jeruzalem werd ziedend toen Stefanus zijn betoog afsloot met hoe God zal optreden tegen het Joodse volk. Hij zei dat de 'Allerhoogste niet in een huis woont dat door mensen-handen is gemaakt'. (Handelingen 7:48) Stefanus was een bedreiging voor het hele religieuze systeem en de manier waarop geld binnen werd gehaald, toen hij verkondigde dat een tempel gemaakt door mensenhanden niet de plaats was waar God kon rusten.

De eerste martelaar van het kerktijdperk gaf zijn leven om te verkondigen dat God nu in de mensen woonde en niet in religieuze gebouwen. Wie vandaag de dag de moed heeft om iets te zeggen over wat voor verleiding tot afgoderij er schuilgaat in gebouwen (ons gebouwencomplex), krijgt te maken met dezelfde heftige reacties. Vind je over 'bokken-geld' praten te meedogenloos? Laat me je dan drie verhalen vertellen. Eén verhaal speelt zich af vlakbij waar ik woon in Canada.

Een groep jongvolwassenen had een zendingsreis naar een derdewereldland gemaakt, en als deel van de reis hadden ze een weeshuis bezocht waar ze gediend hadden. Ze kwamen erachter dat de kinderen honger leden omdat de financiële ondersteuning verminderd was en de prijs van rijst in dat jaar verdubbeld was. Toen ze terugkwamen in hun grote rijke kerk, zouden ze iets vertellen over hun reis. Net voordat ze dit zouden doen, had de voorganger in opleiding een korte bijeenkomst met hen waarin hij hen verbood om in hun presentatie iets te zeggen over de nood in het weeshuis. Waarom? Als de mensen in de gemeente zouden horen van de nood, zouden sommigen geld willen geven aan de wezen en dat zou betekenen dat er minder geld voor de kerk zou binnen komen, en de kerk had elke cent nodig voor het bouwprogramma.

Een tweede verhaal is het verhaal van een kerk in een Armeense stad, die enorm geleden had door de aardbeving van 7 december 1988, waarbij 25.000 mensen in het land waren omgekomen. In 2008, tijdens ons bezoek aan deze stad, werd me verteld dat een deel van het stadscentrum nog steeds in puin lag als gevolg van de aardbeving en dat de mensen die in de puinhopen leefden zo erg leden dat er ratten aan hun kleine kinderen knaagden. Terwijl we door de binnenstad reden werd ik gewezen op een compleet nieuw kerkgebouw van de Armeense Apostolische Kerk (hun staatskerk), gebouwd met indrukwekkende stenen die 2,8 miljoen dollar hadden gekost en waar de kandelaren en heiligenvoorstellingen 's nachts warm en droog waren. Ook kwamen we bij een compleet nieuwe Armeense Evangelische Kerk met computerzalen en ruimtes voor Engelse les. Ook dit was een prachtig stenen gebouw. Mij werd verteld dat het 4 miljoen dollar had gekost om het te bouwen en de gezangenbundels en computers hadden 's nachts een veilige, warme plek om te slapen.

Vervolgens hadden we een maaltijd met een echtpaar dat samen met hun vijf kinderen en oma in een klein tweekamerappartement woonde, samen met nog een andere broeder, zijn vrouw en hun baby. Ze vroegen om hulp, omdat de broeder geen werk had en zich geen eigen woning kon veroorloven. Ik vroeg of deze broeder naar werk had gezocht en ze vertelden me dat hij gewerkt had aan de bouw van de nieuwe, onafhankelijke, charismatische kerk in het dorp. Dit was een kerk waar die en die uit de charismatische wereld kwam spreken. Toen ik vroeg waarom hij daar niet meer werkte, vertelden ze me dat hij het financieel niet kon opbrengen, omdat zijn wekelijkse inkomen niet eens zijn reiskosten voor de bus vergoedden. Het feit dat deze kerk niet voor het levensonderhoud van een arme man betaalde, maakte me boos.

's Middags reden we naar een volgende afspraak en mijn gastheer zei dat we langs de kerk in aanbouw zouden rijden. Het was een enorm indrukwekkend gebouw met aan de voorkant drie verdiepingen hoge witte zuilen. In gedachten probeerde ik de overduidelijke rijkdom ten opzichte van de onderdrukking van de armen, die deze afgodentempel bouwden, in me op te nemen en terwijl ik een vluchtige blik wierp op de andere kant van de straat, viel mijn mond open van verbazing. Aan de overkant van de straat was een heel stadsgedeelte dat nog bedolven was onder de puinhopen van de aardbeving die twintig jaar eerder had plaatsgevonden. Mensen die elke nacht in de regen en in de kou sliepen, terwijl hun kinderen werden aangevallen door de ratten, werden elke ochtend wakker met uitzicht op de christenen die een paleis bouwden om hun hoogmoed te huisvesten.

Het derde verhaal gaat over een door armoede getroffen gebied in Centraal-Azië, waar Ivan[55] werkt. Ivan had Jezus in de gevangenis leren kennen door leden van een zeer traditionele denominatie. Dat was de enige term die hij kende voor deze kerk en hij hield erg veel van de mensen. Eenmaal uit de gevangenis, reisde Ivan door het land om gemeenten te stichten. Toen hij nog in de gevangenis zat, had hij een vriend, Alexander, tot de Heer geleid en toen Alexander vrij kwam vertrok hij naar een streek waarvan het niet bekend was dat er gelovigen woonden die discipelen konden voortbrengen.

Al snel leidde Alexander een kleine groep discipelen tot de Heer, maar het hoofd van de politie vroeg hem om het gebied te verlaten omdat 'hij geen problemen wilde'. Het hoofd van de plaatselijke moskee kwam en vroeg hem om te vertrekken, 'anders zouden er problemen ontstaan'. Alexander bleef en toen hij op een avond zijn vrouw en twee broeders in aanbidding leidde, werd hij door drie mannen doodgeschoten door zijn raam.

---

[55] Namen zijn om veiligheidsredenen veranderd.

Toen Ivan me dit vertelde, zei hij dat de dood van zijn vriend veel vragen bij hem opgeroepen had en dat hij zelfs depressief was. Ik vroeg hem of dat kwam, omdat hij bang was geworden. De vraag was bijna beledigend voor hem. Hij vreesde niet voor zijn leven, maar hij vroeg zich af of het offer en het gevaar het allemaal waard was. Ik was in de war. Waarom?

Ivan vertelde me dat hij zich afvroeg waarom hij, door het vormen van kleine groepen discipelen in nieuwe gebieden, zijn eigen leven en het leven van zijn vrienden zou riskeren, als de gevestigde kerk naar deze streek zou komen, gebouwen zou bouwen, kerkbanken zou neerzetten, een voorganger zou aanstellen en de nieuwe discipelen zouden vertrekken. De nieuwe bekeerlingen waren Aziaten. Ze zaten altijd uren op de grond thee te drinken en te praten over Jezus. Maar als de groep groter zou worden dan zo'n vijftien personen zou de gevestigde kerk een gebouw bouwen en een voorganger van buitenaf aanstellen, die getraind was op een Slavische Bijbelschool. De Aziaten zouden de kerk verlaten, totdat de enige mensen die over waren, een paar oudere Slavische oma's waren.

Ivan begon het gesprek aan te gaan met de leiders van deze kerk en vroeg waarom ze gebouwen moesten bouwen voor de groepen discipelen. Ze hadden toch huizen waarin ze elkaar konden ontmoeten? Ze hadden geen andere gebouwen nodig in het dorp. Er waren zelfs leegstaande huizen. Ze hadden brood nodig voor de hongerige magen en schoenen voor de voeten van de kinderen. Ze wilden in een kring zitten, thee drinken en met vrienden over Jezus praten. Ze wilden niet luisteren naar een jonge vreemdeling uit het voormalig gekoloniseerde rijk, die tegen hen preekte. Maar de leiders konden zijn vragen niet waarderen, en hebben Ivan uit de kerk gezet op grond van het verkondigen van dwaalleer!

Sinds die tijd ontdekte Ivan dat er wereldwijd heel veel mensen denken zoals hij en dat hij geen ketter is. Hij is teruggegaan naar de mensen die hem geëxcommuniceerd hadden en vroeg hen om hem 'uit te zegenen', wat ze na een tijdje deden. Ivan brengt nu discipelen voort volgens Lucas 10. Alexander stierf niet voor niets!

De verspilling en hoogmoed met betrekking tot het bouwen van monumentale gedenkstenen van onze tradities en religieuze trots kan niet genoeg benadrukt worden. Al dat soort gebouwen zijn een getuigenis van onze enorme ongehoorzaamheid en complete rebellie tegen de woorden en het voorbeeld van Jezus.

Daarentegen hebben we meer levende gemeenschappen van genezing nodig, die gastvrij voorzien in de noden van de dak- en thuislozen, de verslaafden en de verlatenen. Geen grote instituten, maar kleine gemeenschappen die een gezin vormen voor degenen die nog nooit de praktische liefde van God hebben ervaren. Geen rehabilitatiecentrum waar je het programma doorloopt en weer vertrekt, maar kleine gemeenschappen van getuigenissen en genezing, waar mensen permanent kunnen verblijven als ze dat willen, en die vermenigvuldigd kunnen worden door elke cultuur heen. Deze gemeenschappen worden niet geleid door deskundigen, maar voornamelijk door mensen met eenzelfde achtergrond en die genezing hebben gevonden door gemeenschap, aanbidding en werk.

Er ontstaan nieuwe gemeenschappen in de centra van stedelijke gebieden, waar leden met elkaar werken, elkaar dienen en voorzien in gastvrijheid, genezing en herstel voor dak- en thuislozen, verslaafden en mensen met psychische problemen.

Het team in één van de steden in Centraal-Azië heeft zo'n kleine stadsgemeenschap. Op een dag tijdens het afgelopen najaar zagen ze op de markt een 'Uighur' staan (een moslim uit het noordwesten van China). Ze vroegen hem of hij onderdak nodig had. Hij zei 'ja' en ging met hen naar huis. Na een aantal maanden in de gemeenschap gewoond te hebben, hoorde hij een stem zeggen: "Deze mensen die jou dienen zijn Mijn volk. Luister naar hen. Ze vertellen je de Waarheid." Hij luisterde, werd een volgeling van Jezus en werd gedoopt.

2. Hoe zit het met preken?

Moeten we niet bij elkaar komen om naar een goede preek te luisteren? Interessante vraag! In elk gebouw waar een groep gelovigen bij elkaar komt, ligt een groot deel van de focus op preken. Hoe beter de spreker, des te meer mensen hij bij elkaar kan verzamelen en des te meer macht hij kan uitoefenen over de zich uitbreidende middelen. Preken is een medium voor veel beïnvloeding en erkenning.

We hebben de houding van Paulus al onder de loep genomen wat betreft de oudsten die bijeen kwamen in zogenaamde samenkomsten. Hij noemde dit 'verdorven' en 'een verdraaiing van de waarheid'. Hij had hetzelfde voor ogen als de Meester in Lucas 10, namelijk kleine 'organische' groepen die zich binnen een bepaalde cultuur, door middel van relaties, vermenigvuldigen.

Degenen die bij elkaar kwamen tijdens deze samenkomsten waren verdorven, omdat ze deze beweging van relationele discipelschap en vermenigvuldiging stopzetten.

Wat is Paulus' houding ten opzichte van preken? Hier is hij heel duidelijk over in 1 Korintiërs 2:1-5.

> *"Broeders en zusters, toen ik bij u kwam om u het geheim van God te verkondigen, beschikte ook ik niet over uitzonderlijke welsprekendheid of wijsheid. Ik had besloten u geen andere kennis te brengen dan die over Jezus Christus — de gekruisigde. Bovendien kwam ik bij u in al mijn zwakheid en was ik angstig en onzeker. De boodschap die ik verkondigde overtuigde niet door wijsheid, maar bewees zich door de kracht van de Geest, want uw geloof moest niet op menselijke wijsheid steunen, maar op de kracht van God."*

Wij begrijpen de culturele context van die tijd niet, en daardoor zien we niet wat hier aan de hand is. Eén van de voornaamste kunstvormen in die tijd was de redenaarskunst, de kunst van het spreken. Grootse redenaars waren de befaamde sterren in de Romeinse wereld, die hun publiek tot tranen toe bewogen. Paulus wist dit, en als een van de best opgeleide mannen van zijn tijd, was hij hoogstwaarschijnlijk zelf ook onderwezen in deze kunstvorm. De Korintiërs verwachtten dat Paulus op deze manier tot hen sprak.

Paulus weigerde dit. Hij werd liever als zwak, huiverig en bang gezien, als iemand waar bijna niemand in die cultuur naar luisterde. Paulus wilde geen mensen voor zich winnen. Hij wilde dat ze hun geloof in de kracht van God zouden stellen en in het werk van de Heilige Geest. Hij weigerde om zijn menselijke vaardigheden, menselijke wijsheid en de kracht van zijn persoonlijkheid te gebruiken.

Als je iemand uren laat spreken, week na week, conferentie na conferentie en cd na cd, is het gevaar groot dat ze je kunnen laten geloven dat zwart wit is! Dwaalleer wordt met dezelfde overtuiging en zalving gepreekt als de waarheid. Je zegt dat dat niet mogelijk is?

Het is zeker mogelijk. Het gebeurt constant. Hoe komt het dat het zogenaamde 'voorspoed-evangelie' wereldwijd en in zoveel kringen zo geaccepteerd is? Hoe kan iets wat niet terug te vinden is in het Nieuwe Testament, zo'n grip krijgen op het hart en denken van gelovigen? Urenlange preken en onderwijs, waarbij Bijbelteksten uit hun verband worden gerukt en waarbij een beroep gedaan wordt op menselijke behoeften en hebberigheid.

Kenneth Hagin Senior, die vaak de vader van 'The Faith Movement'[56] en het daarop aansluitende 'voorspoedevangelie' genoemd wordt, schreef vlak voordat hij overleed het boek 'The Midas Touch'. In dat boek wijst hij zijn volgelingen terecht voor hun materialisme en manipulatieve fondsenwervingtechnieken.[57] Dat boek zullen de voorspoedpredikers, die Hagin hun geestelijke vader noemen, niet naar je sturen als dank voor je volgende financiële gift.

Ik ben ervan overtuigd dat zowel het voorspoedsonderwijs als de dreigende vloeken en beloofde zegeningen omtrent tienden en offerandes exact hetzelfde was als besnijdenis in de tijd van Paulus. Het is een ander evangelie, dat de afkeuring van Paulus in Galaten 1:8 verdient. *"Wanneer iemand u iets verkondigt dat in strijd is met wat ik u verkondigd heb, al was ik het zelf of een engel uit de hemel — vervloekt is hij!"*

Dat is uitgesproken, maar broodnodig onderwijs!

In de context van het vraagtekens zetten bij preken, is 1 Korintiërs 14:26 heel krachtig. *"Broeders en zusters, wat betekent dit voor uw samenkomsten? Wanneer u samenkomt draagt iedereen wel iets bij: een lied, een onderwijzing, een openbaring, een uiting in klanktaal of de uitleg daarvan. Laat alles tot opbouw van de gemeente zijn."*

Als we dit onderwijs naleven, kan niemand over een ander heersen, kan niemand een ander manipuleren of de richting van onderwijs en instructies één kant op sturen. Dit is een atmosfeer van vraag en antwoord, van uitdaging en reactie. Dit is een beweging die de Heilige Geest kan leiden door elk lid van het lichaam. Dat is de structuur waarin Jezus het ware Hoofd van Zijn lichaam kan zijn en niet alleen maar een boegbeeld, terwijl anderen er hun eigen agenda op nahouden. Dit is geven en nemen in een omgeving waar elke Bijbeltekst gewogen kan worden en waar Jezus ruimte heeft om door elk deel van Zijn lichaam te spreken.

Als we de beklemmende context van preken van wat dichterbij bekijken, zien we dat de leiders vaak het pad effenen door feitelijk te zeggen óf subtiel te impliceren dat degene die spreekt 'de man of

---

[56] The faith movement kan worden gekarakteriseerd als degenen die het onderwijs van Kenneth Hagin en voornamelijk Kenneth Copeland aanhangen.
[57] "Kenneth Hagin's Forgotten Warning", Lee Grady (3/7/08) http://backyardbe-lievers.wordpress.com/2008/03/18/kenneth-hagin's-forgotten-warning/.

vrouw Gods' is, naar wie ongevraagd geluisterd moet worden. (De term 'man Gods' is een Oudtestamentische term, en wie die term gebruikt, bewijst geen verstand te hebben van het Nieuwe Verbond, waarin alle gelovigen priesters zijn.) Je ziet dat geestelijkheid hier beoordeeld wordt op grond van onvoorwaardelijk aannemen van en onderwerping aan de persoon en het onderwijs dat hij geeft. Dit is de basis van elke cultus of sekte. Gezonde leergierigheid en verantwoording afleggen worden onderdrukt en een leiderschapscultus wordt aangemoedigd. Maar dat is niet de gemeente van Jezus Christus. Stel altijd vragen! De Heilige Geest kan je niet de weg naar de volle waarheid wijzen als je Hem geen vragen stelt.

Zoals onze oude vertrouwde Johannes in 1 Johannes 2:24–27 zegt:

"Wat uzelf betreft: wat u vanaf het begin hebt gehoord, laat dat in u blijven. Als in u blijft wat u vanaf het begin hebt gehoord, zult u in de Zoon en in de Vader blijven. En dit is wat hij ons heeft beloofd: het eeuwige leven. 26 Dit wilde ik u schrijven over hen die proberen u te misleiden. Wat uzelf betreft: de zalving die u van hem ontvangen hebt is blijvend, u hebt geen leraar nodig. Zijn zalving leert u alles naar waarheid, zonder bedrog. Blijf daarom in hem, zoals zijn zalving u geleerd heeft."

Eén van de problemen wat betreft de context van preken en conferenties is dat je continu met iets nieuws moet komen om meer boeken, conferenties en dvd's te verkopen, en om meer en meer kijkers te trekken. Elke keer moet je met iets nieuws komen, zodat het geld blijft binnenkomen en de bedieningsmachine blijft draaien. Je bent geen toonbeeld van het Koninkrijk en je gaat niet naar het volgende dorp om de volgende huisgemeente te beginnen. Het enige wat je doet is praten en plunderen. En om na een tijdje weer wat nieuws te kunnen verkopen, moet je maar iets verzinnen. Je vraagt je af hoe iemand zomaar iets kan verzinnen? Dat is niet zo moeilijk als je iemand bent geworden die het woord van God verkoopt. Als je eenmaal je integriteit bent kwijtgeraakt en een marktkoopman van het woord bent geworden, is de drempel heel laag om leugens te gaan verkopen.

Maar er zijn toch ook oprechte, toegewijde dienaren van God wiens eerste prioriteit wat betreft spreken is om hun mensen te eten te geven en hen te motiveren om goede werken te doen? Dan nog heb je een probleem. Tot mensen preken met als doel om hen te veranderen en de werken van het Koninkrijk te doen, is als 'duwen tegen een touwtje'. Vervolgens raakt de spreker gefrustreerd, omdat er zo weinig gebeurt. Maar christelijk leiderschap gaat niet om mensen motiveren en het vormgeven van visie. Dat zijn geen Bijbelse termen. In christelijk leiderschap gaat het om een voorbeeld zijn en mensen beïnvloeden. Je bent van invloed door een voorbeeld te zijn en door voorop te gaan. Van deur tot deur en van relatie naar relatie; dat is van invloed zijn. Het gaat niet om een wereldschouwspel van woorden, vóórkomen, persoonlijkheid en een emotionele staat van opwinding. Van deur tot deur gaat over relationele integriteit en de manifestatie van het Koninkrijk van God. Sommigen hebben gezegd dat discipelen niet vanaf de kansel worden voortgebracht. Discipelen worden voortgebracht op straat.

Nogmaals, hoe zit het met preken? Het heeft een heel beperkte ruimte. Er kan aangevoerd worden dat we spreken voor de nog ongelovigen. Maar als 1 Korintiërs 14:26 gehoorzaamd moet worden, zal het lichaam van gelovigen op een andere manier tijd met elkaar doorbrengen. De Heilige Geest woont in een ieder van hen. Ze hebben niemand nodig die tegen hen preekt.

"Broeders en zusters, wat betekent dit voor uw samenkomsten? Wanneer u samenkomt draagt iedereen wel iets bij: een lied, een onderwijzing, een openbaring, een uiting in klanktaal of de uitleg daarvan. Laat alles tot opbouw van de gemeente zijn." 1 Korintiërs 14:26

3. En gezamenlijke aanbidding? Hoe zit het daarmee? Hebben we dat nodig?

Het zou duidelijk moeten zijn dat 'gezamenlijke aanbidding' geen Nieuwtestamentische term is. Het zou duidelijk moeten zijn dat er tijdens de eerste drie eeuwen van de kerk geen pijporgels, koren en koorgewaden waren. Ook zal het duidelijk zijn dat er geen rockbandachtige aanbiddingsstijl was, versterkte muziek, springen, dansen of aanbidding geleid door 'beroemdheden'. Met dit recente verschijnsel is ook een taalgebruik ontstaan met termen als 'gezamenlijke zalving', 'de zichtbare aanwezigheid van God', 'de zwaarte van de glorie', 'een altaar bouwen van aanbidding, zodat het vuur van God kan vallen', etc. Deze taal spreekt tot de verbeelding en impliceert dat meer genezing en bevrijding kan plaatsvinden in een atmosfeer waar mensen deze 'gezamenlijke zalving' en 'zichtbare aanwezigheid van God' ervaren.

Meen je dit nou echt? Hoe kun je het verschil zien tussen de 'gezamenlijke zalving' en het gevoel tijdens een voetbalwedstrijd en een popconcert? Al dit soort ervaringen gaan gepaard met grote groepen mensen die zich allemaal op één ding richten, herhaaldelijk roepen of zingen, en een eenheid ervaren met de mensen om zich heen. Alle religies benadrukken de kracht van eenheid en de invloed van aantallen.

Maar de mogelijkheid dat God een vraag beantwoordt, is niet afhankelijk van het aantal mensen dat bidt! Jakobus vertelt ons dat het 'gebed van de rechtvaardige krachtig is en zijn uitwerking niet mist' en verwijst dan naar Elia (Jakobus 5:16,17). We worden niet gehoord wegens aantallen of herhaling van gebeden. We worden gehoord vanwege nederigheid en geloof en onze relatie met Jezus.

Wat verstaan we onder deze 'gezamenlijke zalving'? Darren Brown[58] is een Britse illusionist die ooit een charismatische christen was. Hij zou zeggen dat orthodoxe gelovigen kaarsen, wierook en 'chanting' (het continue herhalen van bepaalde woorden of zinnen) gebruiken om hun gelovigen in een lichte staat van euforie te brengen, en dat toeschrijven aan de aanwezigheid van God, die ontstaat door deze rituelen. Ook zou hij zeggen dat de charismatische christenen levendige muziek, dans en het herhalen van preken gebruiken om mensen in eenzelfde suggestieve staat van euforie te brengen, en dat toeschrijven aan de aanwezigheid van God, die ontstaat door deze activiteiten. Interessant!

Vraag je je ooit af waarom zoveel mensen die getuigen dat ze genezen zijn tijdens een zogenaamde evangelisatiecampagne, daarna weer ziek worden? Darren Brown zou zeggen dat de sfeer tijdens zulke bijeenkomsten een lichte staat van euforie of hypnose creëert, waardoor de menigte open is voor suggestieve opmerkingen als 'Voel de zalving!', 'Is de pijn weg?', 'Voel je je beter?'. Als je onder hypnose bent, voel je geen pijn. Zodra de suggestieve toestand vermindert, komt de pijn weer terug en 'raak je je genezing kwijt'. Je raakt de genezing kwijt die je helemaal niet ontvangen had.

Hoe dan ook, sinds wanneer is 'aanbidding' één tot twee uur zingen onder leiding van een professionele band? Wanneer werd het doel van dit zingen om in een euforische toestand te raken? Nieuwtestamentische aanbidding is het afleggen van een leven voor Jezus, als een opofferende gehoorzaamheid.

---

[58] Darren Brown, www.youtube.com.

"Broeders en zusters, met een beroep op Gods barmhartigheid vraag ik u om uzelf als een levend, heilig en God welgevallig offer in zijn dienst te stellen, want dat is de ware eredienst voor u. U moet uzelf niet aanpassen aan deze wereld, maar veranderen door uw gezindheid te vernieuwen, om zo te ontdekken wat God van u wil en wat goed, volmaakt en hem welgevallig is."
Romeinen 12:1–2

In bovenstaande tekst vind je niets over een emotioneel hoogtepunt dat je bereikt door een uur te zingen. Door dit streven naar gevoelens zijn we gelijkvormig geworden aan de wereld. We willen een emotionele ervaring en vaak zijn er weinig tot geen intenties om daadwerkelijk Jezus te gehoorzamen, nadat we de plaats waar de ervaring plaatsvond weer verlaten. Is alle gezamenlijke aanbidding slecht? Natuurlijk niet! Is iedereen daar alleen maar om een soort emotionele zelfbevredigingservaring op te doen als ze een 'doorbraak' hebben? Natuurlijk niet. Maar het punt is wel dat dit soort activiteiten absoluut niet terug te vinden zijn in het Nieuwe Testament of in het onderwijs van Jezus. Buitenbijbelse zaken eindigen vaak in problemen, wat de intenties van de mensen die ermee begonnen zijn ook waren.

De inzichten die ten grondslag liggen aan deze gezamenlijke aanbiddingsevenementen zijn destructief voor de Nieuwtestamentische werkelijkheid:

1. Aanbidding als een evenement, in een gebouw, geleid door professionele mensen, zet ons weer in de religieuze modus zoals dat bij elke andere religie gewoonte is. Het maakt een schouwspel van aanbidding, waarbij de kwaliteit beoordeeld wordt op basis van kunstzinnige uitmuntendheid en emotionele ervaringen. Kort gezegd maakt het een voorstelling van aanbidding met als doel om in een emotionele staat van opwinding te raken, die beoordeeld wordt door de mensen die eraan meedoen. De mens staat centraal. Dat is religieus humanisme.
2. De rechtvaardiging van aanbidding als evenement en performance vinden we terug in het Oude Testament. In het Oude Testament woonde God in de tabernakel en daarna in de tempel. Zijn vuur kwam en verdween weer. Zijn aanwezigheid kwam en verdween weer. De Heilige Geest kwam en verdween weer. Ze hadden een priesterlijke orde met als *enige* functie om te aanbidden en om de zes uur een 'wisseling van de wacht'. Deze

Oudtestamentische werkelijkheid is ingevoerd in onze hedendaagse aanbiddingservaringen die samengaan met de taal van het
verwelkomen van de Heilige Geest die vervolgens valt. Tevens
wordt deze werkelijkheid door verschillende 'sterren', die schi-
jnbaar het vermogen hebben om de zalving te bedienen,
verheerlijkt. We bevinden ons absoluut weer in het Oude
Testament. De werkelijkheid van het Nieuwe Testament is
'Christus is in u, Hij is uw hoop op goddelijke luister'!

3. Een welbekend woord dat je tijdens dit soort aanbiddingsevenementen hoort, is dat God alleen de hongerigen tegemoet komt
en dat we hongerig en wanhopig moeten zijn naar God.
Natuurlijk komt God degenen die hongerig en wanhopig zijn
tegemoet, en we hebben Zijn vervulling en verfrissing ervaren
toen we Hem gebroken en wanhopig zochten. Maar dit jargon
wordt heel snel Oudtestamentisch. Voorbeelden hier van zijn:
'We moeten het uitroepen naar God om ons te ontmoeten.' 'We
moeten Zijn aangezicht en Zijn aanwezigheid zoeken.' 'We
moeten een altaar bouwen, zodat het vuur kan vallen.' 'We
moeten ons uitstrekken naar de hoogste plaatsen.' 'We moeten
de zichtbare aanwezigheid van God hebben.' Al dit jargon is
ontstaan om een emotionele vurigheid en een atmosfeer vol van
verwachting te creëren.

Wat is daar mis mee? Misschien heel weinig, maar als het ons terug-
duwt in het gedachtegoed van het Oude Verbond, raken we in de
problemen. In het Oude Testament hadden ze de zichtbare aanwezigheid van God, omdat God niet in Zijn volk kon wonen. De
heidenen gaan naar de hogere plaatsen, omdat hun God ergens heel
ver weg is! Vergelijk al dat taalgebruik eens met dit gebed:

*"Daarom buig ik mijn knieën voor de Vader, die de vader is van elke gemeen-
schap in de hemelsferen en op aarde. Moge hij vanuit zijn rijke luister uw
innerlijke wezen kracht en sterkte schenken door zijn Geest, zodat door uw
geloof Christus kan gaan wonen in uw hart, en u geworteld en gegrondvest blijft in de liefde. Dan zult u met alle heiligen de lengte en de breedte, de hoogte
en de diepte kunnen begrijpen, ja de liefde van Christus kennen die alle kennis
te boven gaat, opdat u zult volstromen met Gods volkomenheid. Aan hem die
door de kracht die in ons werkt bij machte is oneindig veel meer te doen dan wij
vragen of denken, aan hem komt de eer toe, in de kerk en in Christus Jezus, tot
in alle generaties, tot in alle eeuwigheid. Amen."* Efeziërs 3:14–21

Of het nu in een grote of kleine samenkomst is; sommige mensen ontvangen genezing en anderen niet. Blijvende genezing is afhankelijk van het hart van de ontvanger en niet van de plaats waar deze zich bevindt. Maar we kunnen er zelf van getuigen en we hebben veel getuigenissen ontvangen van blijvende wonderen van genezing die plaatsvonden wanneer heiligen met elkaar voor hun vrienden baden, in woonkamers en op straat. Zonder muziek. Zonder speciale sfeer. Er is enkel een stil geloof in de Christus die in ons woont, en de blijvende zalving van de Heilige Geest om te werken, omdat Hij van mensen houdt en ervan houdt om Jezus te verhogen. Wat Jezus geneest, blijft genezen.

Ware aanbidding is alles uit het leven van alledag halen, tot eer van God. Ware aanbidding heeft weinig met muziek of een mensenmenigte te maken. Nieuwtestamentische aanbidding waren de liefdesmaaltijden, waarbij ze elkaar dienden en op elkaar wachtten. Het had niets te maken met sfeer creëren of 'iets' dat neer moest dalen. Het had allemaal te maken met de Christus die in ons woont en hoe we elkaar, als de tempels van de Heilige Geest, eren.

De hype over honger en dorst naar God hebben, maakt misbruik van één van de zaligsprekingen van Jezus: "Gelukkig wie hongeren en dorsten naar gerechtigheid, want zij zullen verzadigd worden." (Matteüs 5:6). In deze tekst zou 'gerechtigheid' beter vertaald kunnen worden met 'recht' of 'sociale gerechtigheid'. Het gaat hier niet over individuele, persoonlijke, innerlijke heiligheid, maar rechtvaardige relaties, gerechtigheid voor de armen en voorziening voor de wezen en weduwen. Als dit de gerechtigheid is waar je naar zoekt, ga je niet naar een bijeenkomst om die te vinden! Dan ga je de straat op om gerechtigheid te *doen*. Je zoekt naar Jezus in de minsten.

Als je hongert naar Jezus, houd dan in gedachten dat zelfs Jezus zegt dat Hij niet bij de negenennegentig is die veilig in de stal zijn, maar dat Hij die ene zoekt die verloren is (Lucas 15:4). Je gaat nog steeds de straat op!

Wat deed Paulus toen hij God zocht? Hij ging niet naar Jeruzalem waar de beste samenkomsten waren. Hij ging de woestijn in. Wat deed Jezus? Hij bracht nachten in gebed door. Hij ging naar buiten en bad vroeg in de ochtend.

Heb je God nodig? Ga dan naar een plaats waar je God kan zoeken, zonder afgeleid, onderbroken of gestoord te worden. Ontmoet Hem in de tempel van je hart. Ontmoet hem in de

verborgen plaats. Het is Christus in jou, die jouw hoop op goddelijke luister is. (Kolossenzen 1:27)
   Wat het ook moge zijn, honger en dorst naar God hebben
betekent niet dat je naar eeuwigdurende samenkomsten gaat. Dat is
wat sommige opwekkingspredikers je willen laten geloven, maar zij
verdienen ook hun geld met zulke samenkomsten.
   Door naar samenkomsten te gaan, bewijs je niet dat je honger en
dorst hebt. Misschien bewijst het alleen maar dat je bent gaan
geloven in een religieuze cultuur, die zich richt op uitbundige
samenkomsten die geleid worden door charismatische persoon-
lijkheden.

**4. Hoe zit het met constante, voortdurende pastorale zorg?
Moeten we er niet voor zorgen dat mensen echt met God wandelen? Hoe verantwoord je dat je alleen een korte tijd bij de
zoon des vredes verblijft en hem dan weer verlaat?**

In de verslaglegging van het Nieuwe Testament zien we dat Paulus
zelden voor een lange tijd op één plaats bleef. Hij was twee jaar in
Efeze, met als gevolg het getuigenis dat 'alle inwoners van Asia ken-
nismaakten met de boodschap van de Heer, Joden zowel als
Grieken' (Handelingen 19:10). Wat zien we hier?
   De school van Tyrannus (Handelingen 19:9) was waarschijnlijk een
wijk of een voetpad naast een bordeel waar Paulus met kleine groepen
kon werken. Hoe konden alle inwoners van Asia kennismaken met de
boodschap van de Heer? Efeze was een zakenstad en een religieus
netwerkknooppunt. Paul deed discipelschap met degenen die Efeze
bezochten en zodra ze weer naar huis gingen, namen nieuwe discipelen hun plaats in. Op die manier werden alle inwoners van Asia bereikt.
Wat er gebeurde is dat mensen uitgezonden en vermenigvuldigd werden, ze werden niet aangetrokken en afhankelijk gemaakt.
   Paulus begreep dat hij een fundament van Christus in de levens
van anderen legde en wanneer hij hen uitzond vertrouwde hij hen
toe aan Christus. Luister naar Paulus in 1 Korintiërs 3. Dat hoofdstuk is een geweldige bevestiging van hoe God werkt in de levens
van Zijn volk. Paulus vertrouwde volledig op Gods vermogen om te
handelen. Luister naar deze zinnen over hoe God werkt:

'de Heer schonk aan een ieder'

'God heeft alles doen groeien'

'dus wij zijn medewerkers van God'

'u bent Gods akker'

'u bent een bouwwerk van God'

'want álles is van u'

'u bent van Christus en Christus is van God'

"Overeenkomstig de taak die God mij uit genade heeft opgelegd, heb ik als een kundig bouwmeester het fundament gelegd, en anderen bouwen daarop voort. Laat ieder erop letten hoe hij bouwt, want niemand kan een ander fundament leggen dan er al ligt — Jezus Christus zelf."

Waar Paulus ook naartoe ging, hij legde het fundament zoals hierboven staat en wist dan dat zijn taak erop zat. Na drie of vier maanden kon hij de gemeente verlaten en erop vertrouwen dat God verder zou bouwen. Wat was het fundament? Het fundament was Christus.

Jezus stierf, zodat je in Hem kan zijn. Jezus stierf, zodat je Zijn stem kan verstaan. Jezus stierf, zodat je gevuld kan worden met Zijn Geest. Jezus stierf, zodat Hij je Zijn Vader kan laten zien. Jezus stierf, zodat Hij je Hoofd kan zijn. Jezus stierf, zodat Zijn heerlijkheid jouw bedekking kan zijn. Jezus stierf, omdat Hij de Enige bemiddelaar kan zijn tussen jou en God. Jezus stierf, zodat Hij je alle macht van Zijn naam kan geven.

Paulus liet iedereen zelf op dat fundament bouwen. Hij probeerde hen niet te beschermen tegen fouten. Hij bemoederde hen niet. Hij was als een vader voor hen. Het vuur zou uitwijzen wat ze gebouwd hadden. Als iemand het bouwwerk van God vernietigde, zou God hen vernietigen. Paulus nam geen verantwoordelijkheid voor wat een ander bouwde. Hij plaatste hen in Gods hand.

Hoe zag dit er praktisch uit? De grote kwesties in die tijd gingen erover op welke dag er bij elkaar gekomen moest worden en of je wel of niet het vlees mocht eten dat aan de goden geofferd was. Je zou denken dat Paulus, de apostel, degene met de openbaring, degene die de grondlegger van de gemeenten en de geestelijke vader was, hier simpelweg een besluit over zou nemen **door middel van** een voorschrift. Maar dat deed hij niet.

In Romeinen 14 zet hij de problemen en principes uiteen, maar hij bepaalt niet de regels, behalve die over liefde. In 2 Korintiërs 1:24 verklaart hij "wij willen niet over uw geloof heersen, maar juist bijdragen aan uw vreugde. U hebt tenslotte een vast geloof." Houd

alsjeblieft in gedachten dat dit werd gezegd tegen de meest onvolwassen gemeente die onder zijn verantwoordelijkheid viel. Op het
gebied van discipline gaf hij geen bevelen, maar deed hij een oproep
tot verandering. Als hij de zeggenschap over hun geloof had
genomen, zou hij de oorzaak zijn van hun ondergang.

Waarom zou hij de oorzaak zijn van hun ondergang? Omdat hij
het fundament van Christus had gelegd. En als hij geen respect voor
het fundament zou hebben en geen vertrouwen had, waarom
zouden de Korintiërs dat dan wel hebben? Paulus liet Jezus Zijn kerk
bouwen. Hij paste toe wat Roland Allen 'de kunst van je
terugtrekken' noemt. Als de vader beslissingen voor zijn kinderen
blijft maken, groeien de zonen nooit op.

Er bestaat niet zoiets als verdeeld gezag in het lichaam van
Christus. Er is alleen het gezag van Christus. Christus verspreid Zijn
gezag over ieder deel van het lichaam. Gezag dat gebruikt moet
worden om anderen te dienen.

Als je een fundament van Christus legt, moet je je terugtrekken
en anderen hun verantwoordelijkheden als deel van het lichaam van
Christus op zich laten nemen. Als je dat niet doet, zullen ze afhankelijk van jou worden. Dat brengt jou ten val, maar ook hen.
Leiderschap zal dan geen toepassing meer zijn van beïnvloeden en
een voorbeeld zijn, maar van macht en controle uitoefenen.

Ja, veel mensen willen een koning en velen willen koning zijn.
En ja, dat kan er op korte termijn succesvol en geweldig uitzien.
Maar zelfs het koninkrijk van Salomo hield geen stand. Sommigen
van jullie zeggen nu al: "Maar dit zal rebellie en individualisme aanmoedigen." Natuurlijk is dat zo, maar Paulus was bereid om dat
risico te nemen. Het is beter om het ware hart te zien dan dat uiterlijk vertoon gedragen wordt als een mantel om ambitie en het
verlangen naar macht te bedekken.

Nadat ik jaren geleden op een conferentie had gesproken,
hoorde ik een man zeggen dat als hij Zijn mensen over zou geven
aan de stem van God (dat is waar ik over had gesproken), het grootste deel van zijn kerk hem zou verlaten. Als dat waar is, dan bouw je
door middel van verschillende wettische voorwaarden en manipulatie. En als dat zo is, kan dat beter vroeg dan laat zichtbaar worden!

Als je een fundament van Christus in elkaar legt, kun je maar
beter de eerste zijn die laat zien dat je het fundament vertrouwt,
anders zullen je discipelen het nooit doen. God heeft rondom elke
man en elke vrouw een plaats voor zichzelf gereserveerd. Hij is onze

heerlijkheid en Degene die ons hoofd opricht. Eén van de redenen waarom zoveel leiders opbranden, is omdat ze zich in de ruimte begeven die God voor Zichzelf gereserveerd heeft. Door mensen afhankelijk van onszelf te maken, nemen we de plaats van God in. Je kunt op Gods troon zitten als je wilt, maar het doet echt pijn als *Hij* er vervolgens op komt zitten.

5. **Hoe zit het met apostelen en de andere vijfvoudige bedienings-gaven? Zijn die niet het gezag van Christus over de gemeente?**

Er bestaat een populair beeld van de apostel, dat voortkomt uit de nieuwe apostolische beweging. In dat beeld wordt de apostel neergezet als iemand die kerken verzamelt en over hen heerst. Iemand die bestaande kerken verzamelt is niets meer dan een beheerder. Een Nieuwtestamentische apostel is iemand die een gebied toegankelijk maakt om er discipelen voort te kunnen bren-gen. Het zijn de pioniers, de mensen die echt gezonden zijn. Het zijn niet de sprekers op conferenties of de podiumartiesten.

Jarenlang was het in bepaalde kringen vaste prik om over de vijfvoudige bediening te praten. Interessant genoeg worden deze gaven alléén zo op een rijtje gezet in Efeziërs 4:11. Zoveel is gestoeld op die ene tekst! Er is ook een vers in de Bijbel dat spreekt over voor de doden gedoopt worden. Ja, echt waar; in 1 Korintiërs 15:29. Waarom maken we over die ene tekst geen ophef? Wel, omdat we een probleem hebben met dopen voor de doden en dus praten we er niet over.

Maar degenen die onvolwassen en onzeker zijn, en verlangen naar macht door positie genieten ervan om over Efeziërs 4:11 te praten, omdat deze tekst schijnt te suggereren dat er machtsposities in het lichaam van Christus zijn. In de wereld van individualisme en zelfontplooiing zijn we geobsedeerd met onze gaven, onze roeping en onze positie. Vanuit het perspectief dat het Koninkrijk van God een hiërarchie is, zijn we geobsedeerd met waar wij in de machtsstructuur passen.

Welk type leider probeert zich aan te sluiten bij één van de 'apos-tolische netwerken'? Welk type leider zoekt een 'apostolische vader'? Welke type leider is erop uit om reputatie en naam te maken? De lei-der die onzeker is en niet weet wie hij/zij is in Jezus. Ze zoeken macht en gezag door middel van relaties. Ze zoeken liever zekerheid en ruimte door zich te vereenzelvigen met een beweging dan door zich te vereenzelvigen met Jezus. Is het niet genoeg om Jezus als je Hoofd te hebben? Is het niet genoeg om God als Vader te hebben? Is het niet genoeg om simpelweg deel te zijn van het lichaam van Christus?

"Niemand giet jonge wijn in oude leren zakken, want dan scheuren ze open en gaat de wijn verloren, net als de zakken zelf. Jonge wijn hoort in nieuwe zakken." Jezus, Marcus 2:22

De nieuwe wijnzak is niet een nieuwe manier van 'kerkje spelen' tussen vier muren en binnen een hiërarchische gezagsstructuur. Het kan niemand iets schelen of je de meubels binnen de vier muren ver-plaatst en hoe hard je schreeuwt. Het interesseert niemand of je wierook of vlaggen gebruikt, een drumstel of violen. Maar als je zegt dat het Koninkrijk van God over vrienden onder één Hoofd gaat: Jezus, en als je zegt dat dit een omgekeerd Koninkrijk is, waarbij lei-derschap de weg naar de afgrond is, heb je een probleem. Dan ben je uit de religieuze 'box' en ben je een bedreiging voor iedereen die er nog in zit.

De nieuwe wijnzak is het omgekeerde Koninkrijk.

De nieuwe wijnzak is de dienende leider.

De nieuwe wijnzak is de organische kerk die uit vrienden bestaat. De nieuwe wijnzak is het Koninkrijk van priesters.

De nieuwe wijnzak bestaat uit relaties die gedefinieerd zijn door vriendschap en de werkelijkheid van 'elkaar' in plaats van macht en positie in een piramide.

Uiteraard zullen sommigen zeggen dat we allemaal van waarde zijn en dat we allemaal gelijkwaardig zijn in de essentie van ons wezen, maar dat we wel verschillende rollen hebben. Dat is waar, maar gebruiken we die verschillende rollen om elkaar te dienen of gebruiken we ze om een paar mensen de macht te geven om aan anderen toestemming te verlenen of te onthouden? Het verlenen van toestemming plaatst ons weer in een relatie gedefinieerd door macht. Het is zoals het boek 'Animal Farm'[59] van George Orwell, waarin alle dieren gelijkwaardig zijn, maar sommige gelijkwaardiger dan andere.

De gaven van de vijfvoudige bediening gaan niet over positie, gezag of een plaats binnen een bepaalde structuur. Als je de minsten,

---

[59] Nederlands: 'Dierenboerderij, een sprookje voor volwassenen', uitgegeven in 1996. Er is ook een vertaling van 2007 met de titel: 'Animal Farm: roman.

de wereld en het lichaam van Christus dient, als je een dienaar van
iedereen wordt, kun je bepaalde vruchten dragen in je leven. Als je
vrienden deze vruchten herkennen, mogen ze je gaan zegenen als
een apostel, een profeet, een evangelieverkondiger, een herder of
een leraar.

En misschien bestaat de vijfvoudige bediening wel uit verschillende fases in je leven. We beginnen als een evangelieverkondiger
door vrienden en familie te vertellen over ons nieuwe leven in Jezus.
Als ze tot Jezus komen, beginnen we hen te onderwijzen over Jezus
en het Koninkrijk van God. We gaan hen voor in de tijd van genezing van relationele problemen in het leven door middel van
vergeving, herstel en het spreken van de waarheid. We hebben misschien profetisch inzicht nodig om relationele banden vrij te zetten
en hen te bevrijden. Wanneer we meer volwassen worden en
groepen discipelen helpen om volwassen te worden, beginnen we
ons op nieuw terrein te begeven om vervolgens opnieuw te beginnen Jezus te delen en nieuwe discipelen voort te brengen. En zo
bewegen we ons richting de fase waarin we een apostel zijn, de minste onder de slaven van Christus, de slaaf die het meeste risico neemt
en blootgesteld is aan het grootste gevaar.

Of misschien is de vijfvoudige bediening een uitdrukking van
hoe Jezus door ons leven heen werkt; door mensen lief te hebben en
te dienen, omdat er noden zichtbaar worden. Aangezien we deel zijn
van Zijn lichaam, uit Hij zich volledig door ons heen als we moeten
handelen als een herder, een profeet, een evangelieverkondiger, een
leraar of een apostel.

Wat je roeping of bediening ook is, als je Jezus gezien hebt, zul
je weten dat je identiteit en waarde niet liggen in wat je doet, maar
in wie je bent, namelijk in Jezus. Als je Jezus hebt gezien, zul je
weten dat er één Heer is en dat we allemaal vrienden zijn; er is één
Leraar en we zijn allemaal leerlingen; er is één Vader en we zijn allemaal zonen; er is één Heilige Geest en we zijn allemaal Zijn tempel.

Wat we verder ook denken dat het is, de vijfvoudige bediening
gaat niet over posities en macht, maar wel over liefde en dienstbaarheid. Het gaat niet over het verzamelen van kerken en hen
vervolgens onder één leider samenbrengen. Het gaat over mensen
vrijzetten in hun leven en plaats in Christus. Ze passen in de
nieuwe wijnzak van vriendschap, een voorbeeld zijn en anderen
beïnvloeden; niet in de oude wijnzak van hiërarchie, bevelen en
controle.

116 *De Lucas 10 Handleiding*

6. Hoe zit het met verantwoording afleggen? Is er geen macht-spositie vereist om mensen verantwoordelijk te houden?

Ten eerste, als we het hebben over verantwoording afleggen op afstand waarbij een voorganger onder het gezag van een apostel valt, wat gebeurt er dan? Je kunt niemand zo makkelijk voor de gek houden als gezag dat buiten het gezichtsveld is. Ze kunnen als champignons behandeld worden: in het donker gehouden worden en paardenmest te eten krijgen.

De leider die onder apostelen valt, wil een goede indruk maken en zal dat doen door alleen de goede dingen te delen. Als fouten aan het licht komen, is dat meestal tijdens een crisisperiode, en heeft de topleider de tijd en het vertrouwen niet om dat wat zich al tijden afspeelde aan te pakken. Er wordt van hem verwacht dat hij één of ander wonder doet en uit het niets een oplossing tevoorschijn tovert, zoals een goochelaar dat met het konijn uit de hoed. In de tussentijd wordt de rotzooi steeds groter. Mensen in de directe omgeving van de leider wisten dat er iets mis was, of vermoedden het, maar deden niets, omdat het hun verantwoordelijkheid niet was. Vaak wil de voorganger in opleiding niet te veel vragen stellen, want dat zou minder geld in het laatje kunnen brengen. Het is altijd een rotzooi. Als een probleem aangepakt zou worden terwijl het nog te overzien is, door een groep betrouwbare, waarheid sprekende vrienden, dan zou de kans op succes veel groter zijn.

In werkelijkheid begon iemand al tegen de Heilige Geest te liegen, voordat hij dat tegen mensen deed. Als iemand geen verantwoording af wil leggen aan de Heilige Geest, waarom zou hij dat dan wel aan jou afleggen?

De waarheid spreken is één van die 'elkaar'-realiteiten, maar het belijden van fouten is een ander verhaal. De waarheid spreken en belijden gaat niet over hiërarchie en gedwongen verantwoording afleggen. Wel gaat het over vriendschap, vertrouwen, nederigheid, en vrijheid van de angst om veroordeeld te worden. Het spreken van de waarheid en het belijden van fouten vinden alleen plaats in een sfeer die vrij is van competitie, prestatiewaarden en machtsproblemen.

Hiërarchieën cultiveren 'doen alsof' en pretentie. Je moet er goed uitzien om hoger op de ladder te komen. De drang om goed voor de dag te komen, betekent dat zwakheid en mislukking bedekt worden. Bovendien word je binnen de hiërarchie bevorderd op grond van je gaven en hoe je je in het openbaar gedraagt, in plaats van op karakter en relationele integriteit. Vaak zijn degenen die bevorderd worden degenen met het minste karakter en de minste integriteit. Ze weten hoe ze het machtsspel moeten spelen. Eén onderdeel van dat spel gaat om de kleine regel, die luidt: Als ik in de sloot spring, doe jij dat ook; als ik het voor jou opneem, doe jij dat ook voor mij. Hiërarchieën kunnen alle schijn ophouden wat betreft verantwoording en dat is precies waar het om gaat: performance zonder realiteit.

Hiërarchieën en de mentaliteit die bedieningen hebben wat betreft 'performance', richten vriendschappen te gronde. Degenen die opgeslokt worden door bedieningsambities hebben geen vrienden. Ze hebben alleen kennissen die ze gebruiken. Degenen die gebruikt worden reageren hier niet op, omdat ze simpelweg hetzelfde spelletje spelen. Het is de verstandhouding dat je zowel gebruikt als gebruikt *wordt*. Maar dat wordt geaccepteerd als deel van het ontwikkelen van een 'bediening'.

Jezus ontwierp Zijn Koninkrijk om voort te bewegen door de onderlinge 'band of brothers'. Hij noemde zijn discipelen vrienden. Een kwetsbaar hart en leven dat gedeeld wordt met vrienden, kan door geen enkel diploma en door geen enkele gedragscode vervangen worden. Rekenschap kan niet afgedwongen worden, hoeveel macht iemand ook over een ander heeft. We zijn niet gemaakt voor piramides. We zijn gemaakt om vrienden van God te zijn en vrienden van elkaar.

De hoogste roeping is om 'vrienden' genoemd te worden. Laten we Jezus volgen als Zijn vrienden, en laten we vrienden met elkaar zijn.

APPENDIX 1–4

Appendix 1

APOSTELEN, SLAVEN VAN CHRISTUS DOOR BRIAN DODD

Waarom doen sommige apostelen alsof ze wereldsterren zijn? En omgekeerd, waarom doen sommige mensen alsof er vandaag de dag geen apostelen meer zijn? Paulus stelt vast dat het apostelschap als één van de vijf bedieningen is, die nodig zijn voor de opbouw en het volwassen worden van de kerk. Waarom verheffen sommigen deze gave dan zo? En waarom geloven anderen dat God deze gave heeft weggenomen?

Het antwoord ligt in een misvatting van wat een apostel in de eerste plaats was (in de Grieks-Romeinse sociale context), en is gebaseerd op het hiërarchische idee dat apostelen aan het hoofd van de kerkelijke structuur zet, terwijl het Nieuwe Testament ze duidelijk onderaan plaatst. Het begrip van leiderschap in het Nieuwe Testament, dat ons denkbeeld van apostelen zou moeten vormen, is de slaaf van lage status die anderen de voeten wast (Johannes 13), en de "klim naar de bodem" om een "slaaf van iedereen" te worden (Matteüs 20:20- 28; 1 Korintiërs 9:19).

Een "apostel" in de tijd van de oudheid is simpelweg iemand die gestuurd is (Grieks: *apostolos*). Een apostel was iemand die eropuit gestuurd werd om zaken te regelen voor iemand anders. Er was, oorspronkelijke gezien, niets religieus aan ze. Ze waren gewoonlijk een onwaardige, vervangbare slaaf. Reizen was gevaarlijk in de oudheid en iets waar mensen niet lichtzinnig over deden. Wie had het recht om iemand in zijn naam te sturen? Een slaveneigenaar, een regeringsleider of een militair bevelhebber. De persoon die gestuurd werd — de apostel — had geen keus. In het geval van de regering of het leger, was de apostel, die met een bevel uitgezonden werd, gewoonlijk deel van een gewapende entourage. De slaaf-apostel had niet zo'n bescherming. De meester zocht de slaaf uit die hij het beste kon missen en stuurde die dan ergens heen om zijn zaken te regelen. De slaaf-apostel zou nog wel eens hetzelfde kunnen zijn als de laagste slaaf in de huishouding die de ondankbare taak had van het voetenwassen. (zie Johannes 13). Het minste waard zijn en daarom gestuurd worden.

Paulus identificeert zichzelf in zijn brieven op veel manieren als zo'n gestuurde slaaf: "…Paulus, dienaar van Christus Jezus, geroepen tot apostel en uitgekozen om het evangelie van God te verkondigen" (Romeinen 1:1). Paulus' meest bekende beschrijving van zichzelf in zijn brieven is: "Ik ben een dienaar die gezonden is door Jezus om aan niet-Joden het goede nieuws te brengen dat het Koninkrijk van God gekomen is in Jezus." Lezers van de Bijbel lezen gemakkelijk over dit belangrijke aspect van Paulus' zelfkennis heen, omdat de 190 verschillende Griekse termen voor slavernij in het Nieuwe Testament vaak aantrekkelijker vertaald zijn tot "dienaar". Dit is geen goede vertaling, aangezien in de dagen van Paulus één derde van de bevolking van het Romeinse Rijk slaveneigenaar was, één derde slaaf was, en de rest slaaf geweest was. Paulus laat duidelijk zien wat hij bedoelt: slavernij aan Christus gaat over exclusief eigendom — Christus is meester/heer (*kurios* is het eenvoudige woord voor meester-eigenaar van een slaaf). *"Probeer ik nu mensen te overtuigen of God? Probeer ik soms mensen te behagen? Als ik dat nog altijd zou doen, zou ik geen dienaar van Christus zijn."* Galaten 1:10.

Maar ook het middeleeuwse beeld dat wij van de twaalf discipelen van Jezus hebben, met aureolen om hun hoofd, staat een juist begrip van het woord "apostel" in de weg. Vaak worden ze als mensen met een hoge status en veel macht gezien, waarvan er maar een aantal bestonden. Dit is een volledig gereviseerde interpretatie van wat een echte apostel was. "Apostel" was geen titel voor een leiderschapspositie met hoge status en positie. Voor en na Jezus waren "apostelen" slaven met een lage status, zonder macht, en ze waren zo gewoon zoals afwashulpen dat vandaag de dag zijn. Als wij nu slavernij zouden hebben zoals ze dat in de oudheid hadden, dan zou niemand bij het woord "apostel" denken aan de manager, eigenaar of leidinggevende van een restaurant. Ze zouden eerder denken aan de afwashulp of hulpkelner. "Apostelen" maakten geen aanspraak op een hoge status of autoriteit, maar op een lage status en bruikbaarheid. Als je de woorden "van Christus" eraan koppelde liet dit zien onder welke naam en autoriteit de apostel handelde. Christus is de baas, Hij stuurde de apostel en als de apostel spreekt, is hij eenvoudigweg een kanaal voor de woorden van God.

"Apostolisch" is geen Bijbelse term. Als ik schriftuurlijk zou spreken, zou ik hebben uitgelegd waarom slaaf-apostelen in die tijd gewone bedieningen waren en nu ook zouden moeten zijn (net als helpen, geven, barmhartigheid, etc.). Naast de Twaalf en Paulus waren er ook apostelen in het Nieuwe Testament die geen Bijbelteksten schreven. Ook zij beschouwden hun bediening niet als een titel, status of voorrecht. Wat we het meest nodig hebben is een vrijzetting van dit soort slaaf-apostelen, met de missie om Jezus te laten zien aan mensen die verloren zijn en pijn lijden. God is een God die Zijn volgers stuurt naar mensen die de weg zijn kwijtgeraakt; Hij wacht niet totdat zij naar ons toekomen.

Veel leiders hebben de klok horen luiden, maar weten niet waar de klepel hangt en veel van hen hebben de boeken gelezen en zouden graag "apostolisch in hun leiderschap" willen zijn. Toch blijven ze het voor het zeggen hebben en zijn ze warm en veilig in een of andere gezellige Christelijke bunker. Maar zo werkt het niet. Een apostel zijn, betekent bruikbaar worden, een lage status hebben en bloot staan aan bespottingen en onzekerheden in het leven: "Maar volgens mij heeft God ons, apostelen, de laagste plaats toegewezen, alsof we ter dood veroordeeld zijn. We zijn voor heel de wereld, zowel voor engelen als mensen, een schouwspel geworden. Wij zijn dwaas omwille van Christus..." (1 Korintiërs 4:9,10).

Apostelen zijn door God gegeven als een gift aan de kerk en aan de wereld (Efeziërs 4:11) en ze zijn enorm hard nodig. Een kerk zonder apostelen (en profeten, wat dat betreft) is als vuur zonder vlammen. Wat is er mis met dit lichaam? We zijn het essentiële lichaamsdeel van apostelen kwijtgeraakt door intellectualisme, religieuze controle en onze menselijke natuur (en daarom bevinden veel talenten zich in slaaptoestand en worden ze niet gebruikt voor God. De rol van apostelen is die van steunpilaar in het toerusten van het Lichaam om haar werk te doen en volwassen te worden. (Efeziërs 4:11 ev). De meeste apostelen vinden we niet in de kerk zoals wij die kennen, en daarom brandt de vlam ergens anders. Jezus is de baas — zoals Hij gezonden was, zendt Hij ook diegenen die van Hem zijn om te lijden en te dienen om zo de aanwezigheid en volheid van Zijn naderende Koninkrijk bekend te maken. Apostelen en profeten zijn het fundament van de kerk zoals God haar bedoeld heeft (Efeziërs 2:20; 3:5–6; 4:11).

We hebben het nodig dat ze vrij gezet worden. Het zijn de apostelen en profeten met een kleine letter "a" en een kleine letter "p", onopvallende personen die iemand zijn geworden door het werk van Christus. We praten hier niet over een nieuwe versie van de 'one-man-show' die de kerk zoals we die kennen teistert. Het zijn de apostelen en profeten met een kleine letter "a" en een kleine letter "p", maar met een hoofdletter "N" aan het eind: "En God gaf sommigen om aposteleN te zijn, sommigen om profeteN te zijn..." We hebben niet meer individualistische supersterren nodig. We hebben voorbeelden nodig van hoe het is om "elkaars gezag te aanvaarden uit eerbied voor Christus" (Efeziërs 5:21).

Heer alstublieft, stuur arbeiders naar uw overvloedige oogst!

brianjosephdodd@yahoo.com

01-14-2007

Toestemming verleend om te gebruiken en te verzenden.

Brian Dodd (Doctor in de Nieuwtestamentische Studies, Universiteit van Sheffield) is de auteur van "*Empowered Church Leadership: Ministry in the Spirit According to Paul* (Downers Grove) Inter-varsity Press, 1991.

Appendix 2

HUISGEMEENTE IN HET NIEUWE TESTAMENT[60]

Deze bijlage beginnen we naar aanleiding van de verslaglegging van Lucas en door uiteen te zetten hoe Jezus vorm gaf aan Zijn bediening in de huizen van mensen. Ja, Hij en Paulus en de andere apostelen dienden zowel in de synagogen als in de zuilengang van de tempel zoals we aan het begin van Handelingen kunnen lezen. Maar uit Handelingen blijkt dat Paulus later de beslissing maakte om niet meer naar de Joden, maar alleen nog naar de heidenen te gaan (Handelingen 18:6-7). Handelingen beschrijft ook dat "veel... Joden... het geloof hebben aanvaard en vol overtuiging volgens de wet leven." (Handelingen 21:20) Maar dit onderdeel van de kerk hield geen stand na de derde eeuw, vermoedelijk omdat deze mensen die in Jezus geloofden teruggezogen werden in het systeem van de synagoge.

Dus ja, er waren in het begin verschillende plaatsen waar gelovigen bij elkaar kwamen, maar degenen voor wie het Nieuwe Testament geschreven is, ontmoetten elkaar daar waar ze leefden en dat was voornamelijk in de huizen.

A. Negen verwijzingen in Lucas over Jezus die in de huizen bediende

1. Lucas 5:19 — "Maar ze zagen geen kans om door de mensenmassa heen te komen, en dus gingen ze het dak op en lieten hem op het bed door een opening in het tegeldak naar beneden zakken tot vlak voor Jezus."

---

[60] Voor een wetenschappelijke benadering van huiskerken in het Nieuwe Testament zie *Paul's Idea of Community: The Early House Churches in Their Cultural Settings* door Robert en Julia Banks (Peabody, MA) Hendrickson 1994 en *House Church and Mission: the importance of household structures in early Christianity* door Roger Gehring, (Peabody) Hendrickson, 2004.

2. Lucas 5:29 — "Hij (Levi) richtte in zijn huis een groot feestmaal voor hem aan, waarop een groot aantal tollenaars en anderen samen met Jezus aanwezig waren."
3. Lucas 7:36 — "Een van de farizeeën nodigde hem uit voor de maaltijd, en toen hij het huis van de farizeeër was binnengegaan, ging hij aan tafel aanliggen."
4. Lucas 10:7- "Blijf in dat huis, en eet en drink wat men je aanbiedt, want de arbeider is zijn loon waard. Ga niet van het ene huis naar het andere."
5. Lucas 10:39 — "Haar zuster, Maria, ging aan de voeten van de Heer zitten en luisterde naar zijn woorden." (Het huis van Maria en Martha was een thuisbasis voor Jezus)
6. Lucas 11:37 — "Toen hij uitgesproken was, nodigde een farizeeër hem uit voor de maaltijd. Hij ging naar binnen en ging aan tafel aanliggen."
7. Lucas 14:1 — "Toen hij op sabbat naar het huis van een vooraanstaande farizeeër ging, waar hij voor een maaltijd was uitgenodigd, hielden ze hem in het oog."
8. Lucas 19:5 — "Toen Jezus daar langskwam, keek hij naar boven en zei: 'Zacheüs, kom vlug naar beneden, want vandaag moet ik in jouw huis verblijven."
9. Lucas 22:11 — "En zeg tegen de heer van dat huis: "De meester vraagt u: 'Waar is het gastenvertrek waar ik met mijn leerlingen het pesachmaal kan eten?'""

B. Vijftien directe verwijzingen naar huisgemeenten in het Nieuwe Testament

Als we door de bril van Lucas 10 kijken, zul je begrijpen dat Paulus vaak naar de kerk in de stad schreef en dat hij vervolgens specifiek verwees naar huisgemeenten van verschillende heiligen. Deze verschillende huisgemeenten vormden de gemeente van de stad. De oudsten en diakenen waren in de individuele huisgemeenten aangewezen om zorg te dragen voor de (gehele) gemeente in de stad. De oudsten hielden algemeen overzicht, terwijl de diakenen zorg droegen voor de weduwen en wezen in de huisgemeenten.

Maar Paulus schreef nooit naar de oudsten van de gemeente, maar naar de heiligen. Hij droeg nooit de oudsten op wat ze moesten doen, maar hij richtte zich altijd tot de hele gemeente.

1. Handelingen 1:13–14 — *"Toen ze in de stad waren aangekomen, gingen ze naar het bovenvertrek waar ze verblijf hielden: Petrus en*

Johannes, Jakobus en Andreas, Filippus en Tomas, Bartolomeüs en Matteüs, Jakobus, de zoon van Alfeüs, en Simon de IJveraar en Judas, de zoon van Jakobus. Vurig en eensgezind wijdden ze zich aan het gebed, samen met de vrouwen en met Maria, de moeder van Jezus, en met zijn broers."

2. Handelingen 2:2 — *"Plotseling klonk er uit de hemel een geluid als van een hevige windvlaag, dat het huis waar ze zich bevonden geheel vulde."*
3. Handelingen 2:46 — *"Elke dag kwamen ze trouw en eensgezind samen in de tempel, braken het brood bij elkaar thuis en gebruikten hun maaltijden in een geest van eenvoud en vol vreugde."*
4. Handelingen 5:42 — *"Ze bleven dagelijks onderricht geven in de tempel of bij iemand thuis en gingen door met het verkondigen van het goede nieuws dat Jezus de messias is."*
5. Handelingen 8:3 — *"Saulus probeerde de gemeente te vernietigen door mannen en vrouwen met geweld uit hun huizen te sleuren en hen te laten opsluiten in de gevangenis."*
6. Handelingen 10:24 — *"...waar hij werd opgewacht door Cornelius, die zijn familieleden en zijn naaste vrienden bijeen had geroepen.' Handelingen 12:12, Toen dit tot hem was doorgedrongen, ging hij naar het huis van Maria, de moeder van Johannes Marcus, waar een groot gezelschap bijeen was gekomen om te bidden."*
7. Handelingen 16:15 — *"Nadat zij en haar huisgenoten waren gedoopt..."*
8. Handelingen 16:25–34 — *"Het huis van de gevangenbewaarder van Filippi."*
9. Handelingen 16:40 — *"Paulus en Silas verlieten de gevangenis en gingen naar het huis van Lydia, waar ze de gelovigen aantroffen. Na hen bemoedigend te hebben toegesproken, vertrokken ze."*
10. Handelingen 28:30–31 — *"Paulus verbleef twee jaar in het huis dat hij gehuurd had en ontving daar iedereen die naar hem toe kwam. Hij verkondigde het Koninkrijk van God en onderrichtte vrijmoedig over de Heer Jezus Christus, zonder dat hem iets in de weg werd gelegd."*
11. Romeinen 16:5 — *"Groet ook de gemeente die bij hen in huis samenkomt."*
12. Romeinen 16:23 — *"Gajus, die mijn gastheer is en die zijn huis voor de hele gemeente openstelt, laat u groeten."*
13. 1 Korintiërs 16:19 — *"De gemeenten van Asia groeten u. Ook Aquila en Prisca en de gemeente die bij hen in huis samenkomt laten u, met wie zij één zijn in de Heer, hartelijk groeten."*

14. Kolossenzen 4:15 — *"Wilt u de broeders en zusters in Laodicea groeten, en ook Nymfa en de gemeente die bij haar thuis samenkomt?"*
15. Filemon 1:2 — *"Aan onze zuster Apfia en onze medestrijder Archippus, en aan de gemeente die bij u thuis samenkomt."*

C. Vijftien indirecte verwijzingen naar huisgemeenten in het Nieuwe Testament

Als we deze Bijbelteksten lezen met het oog op gemeenschappen binnen de muren van een gebouw, zijn ze van weinig betekenis. Maar als we ze lezen vanuit het perspectief van Lucas 10 en het feit dat de kerk van de eerste eeuw in de huizen plaatsvond, krijgen ze een hele andere betekenis en worden ze deel van een verhaal van de simple church in de huizen.

1. Handelingen 18:7 — *"Hij verruilde de synagoge voor het huis van Titius Justus, iemand die God vereerde en wiens huis naast de synagoge stond."*
2. Handelingen 19:9 — *"Maar toen sommigen zijn boodschap halsstarrig bleven afwijzen en de Weg bij iedereen belachelijk maakten, vertrok hij en nam de leerlingen met zich mee. Voortaan sprak hij dagelijks in de school van Tyrannus..."*
3. Handelingen 20:8 — *"We waren bijeengekomen in een bovenvertrek, waar veel olielampen brandden."*
4. Handelingen 20:20 — *"U weet ook dat ik alles bekend heb gemaakt wat uw welzijn ten goede komt en dat ik u daarover in het openbaar en thuis heb onderricht."*
5. Romeinen 16:10 — *"Groet Apelles, wiens trouw aan Christus beproefd is. Groet de huisgenoten van Aristobulus."*
6. Romeinen 16:11 — *"Groet Herodion, mijn volksgenoot. Groet de huisgenoten van Narcissus die in de Heer geloven."*
7. Romeinen 16:16 — *"Groet elkaar met een heilige kus. Alle gemeenten van Christus laten u groeten."*
8. 1 Korintiërs 1:11 — *"Door Chloë's huisgenoten is mij namelijk verteld, broeders en zusters, dat er verdeeldheid onder u heerst."*
9. 1 Korintiërs 1:16 — *"Ja, ik heb ook nog Stefanas en zijn huisgenoten gedoopt,..."*
10. 1 Korintiërs 16:15 — *"Ik heb nog een verzoek aan u, broeders en zusters. U weet dat Stefanas en zijn huisgenoten als eersten in Achaje tot geloof gekomen zijn en dat ze zich in dienst van de heiligen hebben gesteld."*

11. Filippenzen 4:22 — *"Alle heiligen laten u groeten, vooral zij die in dienst van de keizer staan."*

12. 2 Timoteüs 1:16 — *"Moge de Heer zich ontfermen over de huisgenoten van Onesiforus, want hij heeft mij vaak opgemonterd en zich niet voor mijn gevangenschap geschaamd."*

13. 2 Timoteüs 4:19 — *"Groet Prisca en Aquila, en de huisgenoten van Onesiforus."*

14. Titus 1:11 — *"Hun moet de mond worden gesnoerd; ze richten hele families te gronde door uit schandelijk winstbejag de verkeerde dingen te onderwijzen."*

15. 2 Johannes 1:1 — *"Van de oudste. Aan de uitverkoren vrouw en haar kinderen, die ik werkelijk liefheb — en niet alleen ik, maar allen die de waarheid hebben leren kennen."*

Appendix 3

DE 'ELKAAR' TEKSTEN

De juiste leer zonder het hebben van relationele integriteit is dode orthodoxie. Je leert niet hoe je vrienden kunt zijn door in een klaslokaal te zitten luisteren naar een lezing van iemand. Je leert vrienden te zijn door samen Jezus te volgen in het dagelijks leven. Het Nieuwe Testament staat vol met geboden die betrekking hebben op relaties. Hieronder staan veertig "elkaar-teksten" (en "de ander-teksten") maar de lijst kan worden uitgebreid tot ongeveer zeventig als je er soortgelijke teksten bij optelt die woorden zoals "broeders", "buren" of "leden" bevatten.

Deze geboden, die door het hele Nieuwe Testament verspreid staan, benadrukken de werkelijkheid van leefgemeenschappen die uit vrienden bestaan. Vriendschappen met een eenvoudige relationele structuur, die handelen vanuit het hart om elkaar te dienen en zodoende de Koning te dienen die in elk van hen leeft.

1. Johannes 13:34–35 — *"Ik geef jullie een nieuw gebod: heb **elkaar** lief. Zoals ik jullie heb liefgehad, zo moeten jullie **elkaar** liefhebben. Aan jullie liefde voor **elkaar** zal iedereen zien dat jullie mijn leerlingen zijn."*
2. Johannes 15:12 — *"Mijn gebod is dat jullie **elkaar** liefhebben zoals ik jullie heb liefgehad."*
3. Johannes 15:17 — *"Dit draag ik jullie op: heb **elkaar** lief."*
4. Romeinen 12:10 — *"Heb **elkaar** lief met de innige liefde van broeders en zusters."*
5. Romeinen 12:10 — *"Toon respect voor **elkaar** en wees de ander daarin voor."*[61]
6. Romeinen 12:16 — *"Wees eensgezind (toegevoegd: onder **elkaar**). Doe niet uit de hoogte, maar blijf gewoon. Wees niet zelfingenomen."*
7. Romeinen 13:8 — *"Wees **elkaar** niets schuldig, behalve liefde, want wie de ander liefheeft, heeft de gehele wet vervuld."*

---

[61] Groot Nieuws Bijbel, 1996.

8. Romeinen 14:13 — *"Laten we **elkaar** daarom niet langer veroordelen, maar neem u voor, uw broeder en zuster geen aanstoot te geven en hun niet te ergeren."*

9. Romeinen 15:7 — *"Aanvaard **elkaar** daarom ter ere van God, zoals Christus u heeft aanvaard."*

10. Romeinen 15:14 — *"Broeders en zusters, ikzelf ben ervan overtuigd dat u inderdaad niets dan het goede wilt en dat het u niet aan kennis ontbreekt, zodat u ook in staat bent om **elkaar** terecht te wijzen."*

11. Romeinen 16:16 — *"Groet **elkaar** met een heilige kus."*

12. 1 Korintiërs 1:10 — *"...wees allen eensgezind (toegevoegd: onder **elkaar**) en vermijd partijvorming; wees één in denken en gevoelen."*

13. 1 Korintiërs 10:24 — *"Wees niet op uzelf gericht, maar op **de ander.**"*

14. 1 Korintiërs 11:33 — *"Daarom, broeders en zusters, wees gastvrij voor **elkaar** wanneer u samenkomt voor de maaltijd."*

15. 1 Korintiërs 12:25–27 — *"zodat het lichaam niet zijn samenhang verliest, maar alle delen **elkaar** met dezelfde zorg omringen. Wanneer één lichaamsdeel pijn lijdt, lijden alle andere mee; wanneer één lichaamsdeel met respect behandeld wordt, delen alle andere in die vreugde. Welnu, u bent het lichaam van Christus en ieder van u maakt daar deel van uit."*

16. Galaten 5:13–15 — *"Broeders en zusters, u bent geroepen om vrij te zijn. Misbruik die vrijheid niet om uw eigen verlangens te bevredigen, maar dien **elkaar** in liefde, want de hele wet is vervuld in één uitspraak: 'Heb uw naaste lief als uzelf.' Maar wanneer u elkaar aanvliegt, pas dan maar op dat u niet door elkaar wordt verslonden."*

17. Galaten 5:26 — *"Laten we **elkaar** niet uit eigenwaan de voet dwars zetten en **elkaar** geen kwaad hart toedragen."*

18. Galaten 6:2 — *"Draag **elkaars** lasten, zo leeft u de wet van Christus na."*

19. Efeziërs 4:2 — *"wees steeds bescheiden, zachtmoedig en geduldig, en verdraag **elkaar** uit liefde."*

20. Efeziërs 4:32 — *"Wees goed voor **elkaar** en vol medeleven; vergeef **elkaar** zoals God u in Christus vergeven heeft."*

21. Efeziërs 5:19 — *"en zing met **elkaar** psalmen, hymnen en liederen die de Geest u ingeeft. Zing en jubel met heel uw hart voor de Heer."*

22. Efeziërs 5:21 — *"Aanvaard **elkaars** gezag uit eerbied voor Christus."*

23. Filippenzen 2:3–4 — *"Handel niet uit geldingsdrang of eigenwaan, maar acht in alle bescheidenheid **de ander** belangrijker dan uzelf.*

Heb niet alleen uw eigen belangen voor ogen, maar ook die van de **ander***.”*

24. Kolossenzen 3:9–10 — *“Bedrieg* **elkaar** *niet, nu u de oude mens en zijn leefwijze afgelegd hebt en de nieuwe mens hebt aangetrokken, die steeds vernieuwd wordt naar het beeld van zijn schepper en zo tot inzicht komt.”*

25. Kolossenzen 3:13 — *“Verdraag* **elkaar** *en vergeef* **elkaar** *als iemand een ander iets te verwijten heeft; zoals de Heer u vergeven heeft, moet u* **elkaar** *vergeven.”*

26. Kolossenzen 3:16 — *“Laat Christus' woorden in al hun rijkdom in u wonen; onderricht en vermaan* **elkaar***…”*

27. 1 Tessalonicenzen 4:18 — *“Troost* **elkaar** *met deze woorden.”*

28. 1 Tessalonicenzen 5:11- *“Troost* **elkaar** *met deze woorden.”*

29. Hebreeën 3:13 — *“maar wijs* **elkaar** *terecht, elke dag dat dit 'vandaag' nog geldt, opdat niemand van u halsstarrig wordt omdat hij door zonde verleid werd.”*

30. Hebreeën 10:24–25 — *“Laten we opmerkzaam blijven en* **elkaar** *ertoe aansporen lief te hebben en goed te doen, en in plaats van weg te blijven van onze samenkomsten, zoals sommigen doen,* **elkaar** *juist bemoedigen, en dat des te meer naarmate u de dag van zijn komst ziet naderen.”*

31. Jakobus 4:11 — *“Spreek geen kwaad van* **elkaar***, broeders en zusters. Wie kwaadspreekt van een ander of een ander veroordeelt, spreekt kwaad van de wet en veroordeelt de wet. En als u de wet veroordeelt, handelt u niet naar de wet, maar treedt u op als rechter.”*

32. Jakobus 5:9 — *“Klaag niet over* **elkaar***, broeders en zusters, want daarmee roept u het oordeel over u af. Bedenk dat de rechter voor de deur staat.”*

33. Jakobus 5:16 — *“Beken elkaar uw zonden en bid voor* **elkaar***, dan zult u genezen. Want het gebed van een rechtvaardige is krachtig en mist zijn uitwerking niet.”*

34. 1 Petrus 1:22 — *“Nu u gehoorzaam bent aan de waarheid, is uw hart gelouterd en kunt u oprecht van uw broeders en zusters houden; heb* **elkaar** *dan ook onvoorwaardelijk lief, met een zuiver hart…”*

35. 1 Petrus 3:8 — *“Tot slot vraag ik u: Wees allen eensgezind, leef met* **elkaar** *mee, heb* **elkaar** *lief als broeders en zusters, wees barmhartig en bereid de minste te zijn.”*

36. 1 Petrus 4:8–9 — *“Heb* **elkaar** *vóór alles innig lief, want liefde bedekt tal van zonden. Wees gastvrij voor* **elkaar***, zonder te klagen.”*

37. 1 Petrus 4:10 — *"Laat ieder van u de gave die hij van God gekregen heeft, gebruiken om* **de anderen** *daarmee te helpen, zoals het goede beheerders van Gods veelsoortige gaven betaamt."*

38. 1 Petrus 5:5 — *"Overigens, in de omgang met* **elkaar** *moet ieder van u altijd de minste willen zijn, want God keert zich tegen hoogmoedigen, maar aan nederigen schenkt hij zijn genade."*

39. 1 Johannes 1:7 — *"Maar gaan we onze weg in het licht, zoals hijzelf in het licht is, dan zijn we met* **elkaar** *verbonden en reinigt het bloed van Jezus, zijn Zoon, ons van alle zonde."*

40. 1 Johannes 3:11 — *"Dit is immers wat u vanaf het begin hebt horen verkondigen: dat we* **elkaar** *moeten liefhebben..."*

41. 1 Johannes 3:23 — *"Dit is zijn gebod: dat we geloven in de naam van zijn Zoon Jezus Christus en* **elkaar** *liefhebben, zoals hij ons heeft opgedragen."*

Appendix 4

FULLTIME BEDIENING EN FINANCIËN IN HET NIEUWE TESTAMENT

In sommige christelijke kringen is de 'fulltime bediening' een ideaal geworden dat koste wat het kost bereikt moet worden. De houding achter dit streven is verwoestend voor het lichaam van Christus. Het verheft mensen in de fulltime bediening tot speciale heiligen, een status verheven boven de andere leden van het lichaam van Christus. Iemand schertste eens dat het nastreven van bedieningsposities geleid heeft tot het ontstaan van een bedieningselite die de vooraanstaande taken vervult en de rest van de gelovigen degradeert tot een passief publiek.

Dit 'fulltime-ideaal' laat ook een vals dualisme in ons leven binnen, namelijk dat de christelijke bediening 'spiritueel' of 'heilig' werk is en elk ander werk 'seculier' of 'werelds'. Dit is religieus dualisme en heeft niets te maken met Nieuwtestamentische inzichten of de kijk op de wereld.

Paulus geeft de Kolossenzen, die als slaven werkten, de volgende opdracht: *"Slaven, gehoorzaam uw aardse meester in alles, niet met uiterlijk vertoon om bij de mensen in de gunst te komen, maar oprecht en met ontzag voor de Heer. Wat u ook doet, doe het van harte, alsof het voor de Heer is en niet voor de mensen, want u weet dat u van de Heer een erfenis als beloning zult ontvangen — uw meester is Christus! Maar iedereen die onrecht doet zal daarvoor boeten, en daarbij wordt geen onderscheid gemaakt."* Kolossenzen 3:22–24

Dit is een thema in het Nieuwe Testament, aangezien we allemaal koninklijke priesters zijn en *"één in Christus"* zoals Paulus zegt in Galaten 3:26–28. *"Want door het geloof en in Christus Jezus bent u allen kinderen van God. U allen die door de doop één met Christus bent geworden, hebt u met Christus omkleed. Er zijn geen Joden of Grieken meer, slaven of vrijen, mannen of vrouwen — u bent allen één in Christus Jezus."*

De offers bestaan niet meer uit schapen en lammeren. Wij zijn de levende offers (Romeinen 12:1–2) en daarom is alles waar mijn dagelijks leven uit bestaat mijn dagelijks offer aan Hem. Er is geen scheiding tussen heilig en werelds, of spiritueel en seculier. Christus heeft al het leven verzoend! Wat we ook doen, we horen het voor Hem te doen als ons dagelijkse offer.

Velen zijn in de bediening voor het geld, om gezien te worden en om te streven naar status. Maar bediening is niet onze identiteit. Jezus accepteert deze manier van bediening niet als offer. Bediening vanuit een verkeerde motivatie is geen acceptabel offer. De definitie van een acceptabel levend offer ligt niet in wat gedaan wordt. Het gaat om het hart waarmee het gedaan wordt en aan wie het geofferd is. De beloning wordt gegeven naarmate de trouw aan de roeping. Het dienen van de minste is het dienen van Jezus. Het Koninkrijk der Hemelen is het Koninkrijk waarin alles omgekeerd is; de eerste zullen de laatste zijn en de laatste zullen de eerste zijn. Daarom kan die onbekende persoon die trouw de minste dient, misschien nog wel eens een hogere beloning ontvangen dan die welbekende spreker op een conferentie en wiens boeken velen beïnvloed hebben.

Alles wat legitiem werk is, is bediening! Wiens bediening is het belangrijkst? Die van de spreker of de kok? De spreker of degene die de toiletten schoonmaakt? De spreker of de chauffeur? Zonder kok, schoonmaker of chauffeur gaat het seminar niet door. Wij zijn het lichaam van Christus. We zijn allemaal koninklijke priesters en als we elkaar en Jezus niet dienen groeit het Koninkrijk van God niet.

Jezus wil dat Zijn leven 'vergroeit met' elk gebied van ons mens zijn, zodat iedereen het vleesgeworden Woord kan zien!

A. Maar het Nieuwe Testament spreekt wel degelijk van degenen die leven van het Evangelie en dat dit hun 'recht' was en dat dit recht werd bevolen door de Heer

1. Lucas 8:1–3 vertelt ons dat Jezus en Zijn discipelen reisden zonder de noodzaak om zichzelf te onderhouden, omdat een groep rijke vrouwen hun dienden vanuit hun eigen middelen.

2. Handelingen 6:1–7 vertelt ons dat zowel de groep apostelen als de diakenen dienden en werden ondersteund door giften vanuit de hele gemeente.

3. 1 Korintiërs 9:7–14 spreekt van het recht van degene die in *geestelijke dingen* dient om daarvoor *materiële dingen* te ontvangen, en concludeert dat *de Heer heeft bevolen dat degenen die het evangelie preken, zouden moeten leven van het evangelie.* Dit is wat Jezus deed en Hij zei dat dit normaal was voor degenen die, net als Hij en Paulus, rondreisden om het goede nieuws van het Koninkrijk van God te verkondigen.

4. 2 Korintiërs 11:9 is Paulus' getuigenis over hoe er aan zijn noden tegemoet werd gekomen door de broeders in Macedonië terwijl hij in Korinthe was. Hij maakte gebruik van het recht om van het Evangelie te leven.
5. Filippenzen 4:10–15 laat zich lovend uit over de Filippenzen vanwege hun trouw aan Paulus en complimenteert hen over hoe ze als enige van alle gemeenten met hem deelden door te geven en ontvangen.
6. 1 Timoteüs 5:17–20 spreekt over een *dubbele beloning* voor oudsten die goed leiding geven en daarbij ook onderwijzen.

Sommigen zullen zeggen dat hieruit blijkt dat voorgangers een salaris zouden moeten krijgen. Laten we weer terug gaan naar Lucas 10. Waarom zou een groep die in een huis samenkomt een salaris moeten of willen geven aan hun bisschop/herder/voorganger? Waarom zou hij dat van hen vragen? Als wij oudsten definiëren als leiders van een huisgemeente die het goed voor elkaar hebben met hun familie en vrienden, en die zichtbaar in staat zijn te dienen buiten de grenzen van hun eigen huisgemeente, dan valt hier wat voor te zeggen. Ze reizen om raad te geven, te onderwijzen en om te helpen nieuwe huisgemeenten op te zetten. Als reizende dienaren zijn ze niet in de gelegenheid om hun beroep uit te voeren zoals ze dat gewend waren en moeten ze gebruik maken van het recht om van het Evangelie te leven.

Maar één van de constante kenmerken van de zich snel vermenigvuldigende bewegingen van huisgemeenten is dat lokale leiders voor hun eigen inkomen zorgen net zoals reizende leiders dit ook, in ieder geval gedeeltelijk, vaak doen. Degenen die leiden zorgen voor hun eigen inkomsten. Als er wordt verondersteld dat je betaald wordt om te zeggen wat je zegt, dan hebben je woorden maar weinig morele autoriteit. Als je 'op eigen kosten' spreekt, krijgen je woorden meer autoriteit. Je moet geloven wat je zegt!

Bovendien zorgt het verdienen van je eigen inkomsten ervoor dat je betrokken blijft bij de wereld om je heen; daar waar de oogst is. Er zijn zoveel leiders die geïsoleerd zijn en vastzitten in hun eigen christelijke wereldje, waar ze tegen zichzelf preken en een gemeente leiden door middel van voorschriften. Oftewel, ze gedragen zich alsof iets zeggen hetzelfde is als iets doen. Ze hebben geen verantwoordingsplicht met betrekking tot het gewone leven en het beoordeeld worden naar de vruchten.

Paulus is een voorbeeld voor dienende leiders die in hun eigen levensonderhoud voorzien.

B. Paulus' voorbeeld en onderwijs over waarom hij vaak weigerde gebruik te maken van het recht om te leven van het Evangelie...

1. Handelingen 20:26–35 geeft de laatste toespraak van Paulus' aan de oudsten van Efeze weer en is erg confronterend als je kijkt naar het onderwijs en het voorbeeld dat hij gebruikt. Hij stelt dat hij van niemand spullen begeerd heeft, dat hij met zijn eigen handen heeft gewerkt om in zijn eigen levensonderhoud en dat van zijn team te voorzien en hij zegt: "In alles heb ik u getoond dat u de zwakken zo, door hard te werken, moet steunen, indachtig de woorden van de Heer Jezus, die immers gezegd heeft: "Geven maakt gelukkiger dan ontvangen.""

   Hij geeft zijn leven als voorbeeld en norm voor hen die anderen zouden leiden in het volgen van Jezus. Hij verwacht van de oudsten van Efeze dat ze zijn voorbeeld volgen en gaan werken zoals hij. Dit is een voorbeeld voor alle oudsten van alle tijden. Het is bovendien een tekst over financiën die je nooit zult horen op een conferentie!

2. 2 Korintiërs 4:12 zegt kortweg: *"en we werken met onze eigen handen"*. Paulus geeft dit als bewijs van zijn liefde en zorg voor de Korintiërs en als bewijs van zijn vaderschap voor hen.

3. In 1 Korintiërs 9:1–19 spreekt Paulus over hoe andere apostelen gebruik maakten van hun recht om een echtgenote mee te nemen en van het evangelie te leven. Hij zegt weer dat hij en Barnabas geen gebruik hebben gemaakt van hun rechten, maar dat ze bleven werken om zichzelf te onderhouden en om *alle dingen te verdragen, omdat we de verkondiging van het evangelie van Christus niet in de weg willen staan*. Hoe kan het accepteren van geld van de Korintiërs het evangelie hinderen? Heel simpel, ze konden hem ervan beschuldigen dat hij alleen maar naar hun toekwam in de hoop iets van hen te zullen ontvangen.

4. 2 Korintiërs 11:7–9 geeft een deel van Paulus' morele autoriteit over de Korintiërs weer in het feit dat hij *gratis* tot ze preekte en zich ervan weerhield om hen tot last te zijn.

5. 2 Korintiërs 12:13 laat weer zien hoe Paulus zich ervan weerhoudt om de Korintiërs tot last te zijn.

6. 2 Korintiërs 12:14 herhaalt het thema van niet tot last zijn: *want de kinderen moeten geen schatten vergaren voor de ouders, maar de ouders voor de kinderen.* Degenen die zichzelf "apostolische vaders" noemen en die leren dat hun zonen hun tienden aan hen moeten

geven hebben simpelweg nooit hun Bijbel gelezen en laten zien dat ze gemotiveerd zijn door hebzucht. Dit zijn geen apostelen zoals Paulus. Volgens Paulus zijn het zelfs valse apostelen.

7. 2 Korintiërs 12:17–18 laat ons zien dat degenen in het team van Paulus net zo leefden als hij als het om financiën gaat. Soms praat de leider van een bediening niet zelf over geld, maar laat hij dat iemand uit zijn team doen, namens hem. Hij wil dan boven het gepraat over geld staan. Paulus deed dit niet en kon op die manier laten zien dat iedereen in zijn team dezelfde waarden en toewijding met hem deelden.

8. 2 Tessalonicenzen 3:6–12 geeft een eenvoudige instructie. Paulus geeft hun het advies om zich terug te trekken van elke broeder die *wanordelijk* leeft, wat wil zeggen iedereen die niet werkt! Hij houdt zijn voorbeeld van werken hoog, al maakt hij ook kenbaar dat hij het recht heeft om te leven van het Evangelie en vraagt hij aan hen om zijn voorbeeld te volgen. Conclusie? "Wie niet werkt, zal ook niet eten."

C. Valse apostelen en profeten worden ontmaskerd door hun liefde voor geld...

Paulus was erg strijdlustig in het ontmaskeren van valse apostelen en profeten op basis van hun houding ten opzichte van geld. In dit verband is het niet verrassend dat hij zo resoluut was wat betreft een voorbeeld zijn voor andere leiders.

Jezus veroordeelde de Joodse leiders vanwege hun liefde voor geld, positie en eer. Hij veroordeelde hen voor mensen lasten op de schouders leggen, terwijl ze niet hielpen deze last te verlichten (Matteüs 23:4) en een groot deel van die last was financiële uitbuiting.

Alle priesterlijke en tempelsystemen over de hele wereld plaatsen een grote financiële last op de schouders van de mensen die daar naartoe gaan. Religie onderdrukt altijd mensen voor geld, in het bijzonder de armen. Paulus wilde hier niets van weten en was, net als Jezus, heel duidelijk in zijn oordeel over diegenen die in de bediening zaten om het geld. Hij was vastbesloten zichzelf te distantiëren van degenen wiens motivatie geld was, door zelf dag en nacht te werken om zichzelf te kunnen onderhouden. Hij zou nog liever lijden dan iemand aanleiding geven om hem te kunnen beschuldigen van het verkopen van het woord van God.

Als dit waar was in de dagen van Paulus, hoeveel te meer is dit dan waar in onze tijd waarin de hele wereld denkt dat christelijke leiders alleen maar op geld uit zijn. Boeken worden gepromoot, christelijke sieraden verkocht en leugens verteld over honderdvoudige zegeningen, als je maar geeft. En dit wordt allemaal gedaan door oplichters in maatpakken, met Rolex horloges. Hoe dan ook, wie het woord van God liefheeft, verkoopt het niet.

1. 2 Korintiërs 11:13–20 richt zich direct tot *valse apostelen*. Paulus beschuldigt de Korintiërs van het accepteren van onrechtmatig gedrag zoals '*dat men u tiranniseert, uitzuigt, onderwerpt, zich boven u verheft en u beledigt*'. Dit zijn valse apostelen die macht uitoefenen op de heiligen, hen manipuleren voor geld en gebruiken om hun eigen koninkrijkjes te bouwen.

2. In 1 Timoteüs 6:3–10 spreekt Paulus tegen Timoteüs over valse leraren die *denken dat het geloof hun gewin brengt*. En wat is zijn opdracht voor de heiligen als ze zulke valse leraren tegenkomen? *Maar jij, een dienaar van God, moet je hier verre van houden*. Deze norm laat ons zien dat we ons afzijdig moeten houden van de meeste tv-predikers en van allen die rijkdom preken als bewijs van gehoorzaamheid en trouw.

3. In Titus 1:11 staat dat Paulus Titus onderwijst dat er valse leraren zullen zijn *wiens mond moet worden gesnoerd, die hele families te gronde richt door uit schandelijk winstbejag de verkeerde dingen te onderwijzen*. Ja, de tv-predikers gebruiken de Bijbel. Ja, ze noemen zichzelf christenen. En ja, ze lijken erg succesvol te zijn. Maar Paulus zegt dat hun de mond moet worden gesnoerd. Waarom? Omdat in alles wat zij doen, geld binnenhalen hun belangrijkste doel is.

4. 1 Petrus 5:2–3 is een oproep aan de herders om het volk van God vrijwillig en met toewijding te dienen en *niet om er zelf beter van te worden... Stel u niet heerszuchtig op tegenover de kudde die aan u is toevertrouwd, maar geef het goede voorbeeld*. Weer zien we het thema dat hebzucht en controle ons leiderschap vals maken, gevolgd door de verbluffende opmerking: *"want God keert zich tegen hoogmoedigen, maar aan nederigen schenkt hij zijn genade"*. Hoe weerstaat God de hoogmoedige? Het werkwoord is hier niet passief en zou vertaald kunnen worden met: "vecht tegen hoogmoedigen". Ik wil niet dat God tegen mij vecht!

5. 2 Petrus 2:3 en 14 zijn duidelijke uitspraken dat het valse herkenbaar is door begerigheid. Hoe gaat dit in zijn werk? De ene leider heeft een auto van een bepaald merk of een bepaald interieur in zijn kantoor en de ander wil dat ook. De ene tv-prediker heeft een

privévliegtuig en nu wil de rest er ook allemaal eentje. Dit gaat niet meer over het "verkondigen van het Evangelie". Dat is een leugen, want het gaat hier over hebzucht.

Nu de ene bekende christen na de andere wordt ontmaskerd in financiële en seksuele schandalen wordt het duidelijk hoe God tegen hoogmoedige mensen vecht. Hij laat het driekoppige monster zijn gang gaan. Eerst is er de trots op het leven, de trots op de positie, op wat men bereikt heeft en welke gave men heeft. Dan wordt de lust van de ogen vervuld. We kunnen krijgen wat we willen. Het geld van het volk van God wordt misbruikt om er een luxe levensstijl op na te houden. Dan komt de lust van het vlees en de seksuele zonde (Spreuken 22:14). Als ik alles kan krijgen wat ik wil, waarom dan niet elke man of vrouw?

Toen Paulus in 2 Timoteüs 5:17–21 instructies gaf aan Timoteüs over zijn relatie met leiders vond hij het juiste midden tussen aangeklaagd worden en het terechtwijzen van hen die zondigen. Aanklachten waren niet bedoeld om van maar één persoon te komen. Maar de leiders die volgens meerdere personen zondigden, moest Timoteüs *in aanwezigheid van alle anderen terechtwijzen, zodat anderen ook gewaarschuwd zijn.*

Steeds vaker zien we dat ernstige zonden van bekende leiders worden gedekt door degenen om hen heen die samen met hen in de bediening zijn. Als iemand hen probeert te confronteren met hebzucht en geld, en hen terecht wil wijzen, wordt hun verteld dat ze een religieuze geest van armoede hebben en dat ze veroordelend zijn. Als iemand seksuele zonde wil confronteren, wordt gezegd dat diegene geen genade heeft en geen verzoening tot stand wil zien komen. Ten slotte wordt gezegd dat de wereld de gave van gevallen mensen nodig heeft, omdat er daarom herstel nodig is. Er is geen terechtwijzing of ontzag voor God. Er is alleen maar rechtvaardiging van zonde en de aansporing dat 'the show must go on'.

De meeste 'christelijke' media zijn erg goed in het creëren van gelegenheden voor mensen om *de verkeerde dingen te onderwijzen uit schandelijk winstbejag*, maar zijn erg slecht in het voortbrengen van discipelen. De media zijn erg goed in het creëren van toehoorders en van een financiële basis, maar doen het slecht als het gaat om het maken opofferende volgelingen van Jezus. Jezus vertrouwde de bediening van Zijn hele leven toe aan twaalf discipelen en vertrouwde erop dat ze Zijn leven zouden vermenigvuldigen door middel van persoonlijke relaties. Hij had geen plan B. Het enige plan is relationele vermenigvuldiging onder leiding van de Heilige Geest.

Wij zijn volgelingen van Jezus. Laat je niet misleiden door de kracht van de media en haar beroemde christenen. Jezus pionierde en leefde Zijn methode voor om tot Zijn doel te komen, wat inhield dat Hij Zijn leven investeerde in een handjevol mensen en hen aanspoorde hetzelfde te doen. Wij kunnen Zijn methode niet verbeteren.

D. Zorgen voor de armen in het Nieuwe Testament

We hebben verwezen naar de realiteit dat Jezus zich helemaal identificeerde met de armen en verklaarde dat wat er voor de minsten gedaan wordt, gedaan wordt voor Hem. Matteüs 25 en Jesaja 58 zouden fundamentele passages in al ons denken en heel ons leven moeten zijn, zoals ze dat ook waren voor de gelovigen in de eerste eeuw. Eén van de redenen van de snelle groei van de eerste gemeente, was hun gewoonte om vondelingen uit de goten van het Romeinse Rijk te halen en hen op te voeden als hun eigen kinderen.

> *"Voor God, de Vader, is alleen dit reine, zuivere godsdienst: weduwen en wezen bijstaan in hun nood, en je in acht nemen voor de wereld en onberispelijk blijven."* Jakobus 1:27

> *"Toen... ontstond er op een gegeven moment ontevredenheid bij de Griekstaligen, die de Arameessprekenden verweten dat de weduwen uit hun groep bij de dagelijkse ondersteuning werden achtergesteld."* Handelingen 6:1

> *"Ondersteun weduwen die alleen staan."* 1 Timoteüs 5:3

> *"Als een gelovige vrouw weduwen in haar familie heeft, moet zij die zelf ondersteunen en niet de gemeente met de zorg belasten. Dan kan de gemeente voor weduwen zorgen die alleen staan."* 1 Timoteüs 5:16

De diakenen vertegenwoordigden degenen die de liefdadigheid van het lichaam van Christus overzagen. De uitdaging was aan hen om uit te zoeken hoe er hulp geboden kon worden en aan wie, en om op te treden tegen de mensen die hulp vroegen maar dit echt niet nodig hadden.

Deze zorg voor de armen was de enige financiële instructie die voortkwam uit de vergadering van de apostelen in Handelingen 15, en daar wordt niets gezegd over financiën. We leren dit vanuit de brief aan de Galaten.

> *"Onze enige verplichting was dat we de armen ondersteunden, en dat is ook precies waarvoor ik mij heb ingezet."* Galaten 2:10

Toch was het de gezamenlijke collecte van de gemeenten die de armen onder de heiligen hielp gedurende een tijd van hongersnood, die ons het duidelijkste beeld geeft van hoe Paulus dacht over het inzamelen en het geven van geld om de armen te helpen.

> *"Wat de collecte voor de heiligen betreft, moet u de richtlijn volgen die ik aan de gemeenten in Galatië gegeven heb: laat ieder van u elke eerste dag van de week naar vermogen iets opzijleggen. Dan hoeft er bij mijn komst geen geld meer te worden ingezameld."* 1 Korintiërs 16:1–2

Ten eerste werd er opdracht gegeven om te geld in te zamelen, maar er werd geen bepaald bedrag of percentage geëist. Daarentegen moest iedereen geven naar de mate waarin hij gezegend was.

Ten tweede wilde Paulus dat er geld ingezameld werd voordat hij kwam. Veel van onze voorspoedprekers willen hun eigen collectes inzamelen. Waarom? Ze vertrouwen op hun vermogen om mensen te manipuleren om te geven. Paulus wilde geen manipulatie of dwangacties. In de stilte van hun eigen hart voor God, moesten de mensen beslissen wat ze zouden geven. Paulus stelde zijn vertrouwen in de Heilige Geest als voorbeeld in het spreken tot het volk van God.

> *"...Gods genade tot stand heeft gebracht in de gemeenten van Macedonië: ze zijn door ellende zwaar op de proef gesteld, maar vervuld van een overstelpende vreugde en ondanks hun grote armoede zeer vrijgevig. Ik verzeker u dat ze naar vermogen hebben gegeven, ja, zelfs boven hun vermogen. Uit eigen beweging hebben ze ons dringend verzocht mee te mogen doen aan de collecte, waarmee de heiligen in Jeruzalem zullen worden ondersteund...blink dus ook uit in dit goede werk."* 2 Korintiërs 8:1–8

De collecte was voor de heiligen en aan deze *gemeenschap van bediening van de heiligen* werd met veel opoffering en vreugde deelgenomen. Het is moeilijk om blij te zijn als je betaalt voor stenen en cement, elektriciteitsrekeningen, brandstofkosten en de salarissen van secretaresses en portiers om een gebouw draaiende te houden. Het is een heel ander gevoel om de gemeenschap te ervaren van het offeren aan broeders en zusters.

> *"Het is niet de bedoeling dat u door anderen te helpen zelf in moeilijkheden raakt. Er moet evenwicht zijn. Op dit moment lenigt u met uw overvloed de nood van de heiligen in Jeruzalem, zodat zij later met hun overvloed uw nood kunnen lenigen. Zo is er evenwicht, zoals ook geschreven staat: 'Hij die meer had, had niet te veel; hij die minder had, had niet te weinig.'"* 2 Korintiërs 8:13–15

Deze *gemeenschap van bediening van de heiligen* ging over *gelijk-waardigheid* en het tegemoet komen aan noden, zodat later aan jouw noden tegemoet gekomen kan worden. Hoe kijken wij naar broeders en zusters in nood? Hoe zien wij onze verantwoordelijkheid ten aanzien van hen? Hoe komt het concept van gelijkwaardigheid in ons denken tot uiting? Hoe is wachten op elkaar hierop van toepassing?

Sommige beroemde sprekers paraderen met hun rijkdom en levensstijl alsof dat het aantonende bewijs is van de gunst van God, en het bewijs dan hun boodschap. Ze gebruiken dit om hun luisteraars te manipuleren om meer te geven, omdat zij immers "goede grond" zijn om geld in te zaaien in de hoop financieel flink te oogsten. Ze pronken met ongelijkheid en noemen de armen neerbuigend "slechte grond" om in te zaaien. Dit is een een complete leugen.

> God verklaart *"hen die naar wereldse maatstaven arm zijn, uitgekozen om rijk te zijn door het geloof en deel te krijgen aan het koninkrijk dat hij heeft beloofd aan wie hem liefhebben..."* Jakobus 2:5

> Spreuken verklaart dat *"wie barmhartig is voor een arme leent aan de Heer".* Spreuken 19:17

> *"Eigenlijk hoef ik u niets te schrijven over de collecte voor de heiligen..."* 2 Korintiërs 9:1

De collectes waren voor de heiligen, niet voor de leiders. Zelfs in Handelingen waar de inzamelingen *aan de voeten van de apostelen gelegd* werden, was het hoofddoel van de collectes om zorg dragen te voor de heiligen, in het bijzonder voor de weduwen en wezen. De collectes werd niet gebruikt om een luxe levensstijl van leiders te bekostigen.

> *"... zodat deze niet hoeft te worden bijeengeschraapt wanneer ik aankom, maar als een gulle gave klaarligt."* 2 Korintiërs 9:5

Nieuwtestamentisch geven betekent dat je in de sfeer van vrijgevigheid blijft en nooit geeft uit verplichting of onder dwang. Het Nieuwe Verbond is een verbond van een nieuw hart dat door God gegeven is, een hart zoals Gods hart, een hart van vrijgevigheid. Vertrouwen we de vrijgevigheid van God door Zijn volk of niet?

> *"...wie overvloedig zaait, zal overvloedig oogsten."* 2 Korintiërs 9:6

De belofte van zaaien en oogsten is gemaakt met het oog op het geven aan de armen en dit geven zet een oogst vrij die *overstelpt, zodat u altijd en in alle opzichten voldoende voor uzelf hebt en ook nog ruimschoots kunt bijdragen aan allerlei goed werk (9:8)*, en het *zal ook u zaad geven en het laten ontkiemen, zodat uw vrijgevigheid een rijke oogst opbrengt (9:10), dit leidt tot dankzegging aan God (9:11)*, anderen *prijzen God (9:13)* en *in hun gebed voor u spreken ze hun verlangen naar u uit (9:14)*

Dankzegging, gebed en eer aan God worden genoemd als daden die vermenigvuldigd worden en die als zaad dienen om opnieuw te zaaien in de toekomst.

> *"Luister, geliefde broeders en zusters: heeft God niet juist hen die naar wereldse maatstaven arm zijn, uitgekozen om rijk te zijn door het geloof en deel te krijgen aan het koninkrijk dat hij heeft beloofd aan wie hem liefhebben?"* Jakobus 2:5

Jakobus bestraft de gemeente, omdat ze de rijken een voorkeursbehandeling geven en hij confronteert hen met het feit dat ze *ongeoorloofd onderscheid* maken en *hun oordeel door verkeerde overwegingen wordt bepaald*. De norm is *U zult uw naaste liefhebben als uzelf*. We blijven de vraag stellen "Wie is mijn naaste?" Dat is een veelomvattende vraag in een wereldstad waarin we bekend zijn met het lijden van zoveel mensen. Maar het is ook een veelomvattende vraag in elk dorp waar je de mensen kent die tegenover je wonen en die je tegenkomt op straat.

De conclusie van Jakobus?

> *"Als een broeder of zuster nauwelijks kleren heeft en elke dag eten tekort komt, en één van u zegt dan: 'Het ga je goed! Kleed je warm en eet smakelijk!' zonder de ander te voorzien van de eerste levensbehoeften — wat heeft dat voor zin? Zo is het ook met geloof: als het zich niet daadwerkelijk bewijst, is het dood."* Jakobus 2:15–17

Het Nieuwe Testament zegt niets over geven om gebouwen te onderhouden of een luxe levensstijl mogelijk te maken. De focus ligt op mensen en die focus is intens en overeenkomstig met wat de Meester zegt, namelijk dat als wat iets doen voor de minste, we dit doen voor Hem.

Steve en Marilyn Hill
stevehill@harvest-now.com
www.harvest-now.org

EEN AANTAL VAN MIJN FAVORIETE BOEKEN

Houses That Change the World, Wolfgang Simson (Waynesboro, GA) Om Publishing 2001, 303 pagina's. Dit is het boek dat voor velen het begin was. Het is volledig, leesbaar en sterk overtuigend!

Organic Church, Neil Cole (San Francisco, CA) Jossy-Bass 2005, www.cmaresources.org. Beweegt God alleen heel ver weg of heel, heel lang geleden? Het verslag van een beweging die in Californië begon en de hele wereld overgaat.

Simply Church, Tony and Felicity Dale (Austin, TX) Karis Publishing 2002, 120 pagina's. Een enorm goede inleiding over alles omtrent huisgemeenten. Een geweldige website hierover is www.house2house. org.

Pagan Christianity: The Roots of our Church Practices, Frank Viola and George Barna (Tyndale House). Het boek met de meeste voetnoten die de meeste van ons ooit zullen zien. De heidense grondgedachten van hedendaagse kerkpraktijken worden hierin vast-gelegd en onthuld.

Church Planting Movements, David Garrison (Richmond, VA) International Mission Board of the Southern Baptist Convention 1999. Je kunt een vlugschrift van 30 pagina's gratis downloaden op de website www.churchplantingmovements.com. Ook kan het volledige boek en veel ander materiaal besteld worden.

Missionary Methods: St Paul's or Ours, Roland Allen (Grand Rapids) Erdmans 1954. Een Anglicaanse zendeling in China. Roland Allen zei dat zijn boek pas twintig jaar na zijn dood gelezen zou worden. En het spreekt nog steeds! Een klassieker.

The Global House Church Movement, Rad Zdero (Pasedena) William Carey Library 2004. Een geweldige inleiding in de huiskerkbeweging, geschreven door een goede vriend. Voor training, voorbeelden en uitdagingen van David Watson, een vooraanstaand pionier met betrekking tot discipelschap, ga naar www.cpmtr.org. Praktisch en doortastend!

www.ingramcontent.com/pod-product-compliance
Lightning Source LLC
Chambersburg PA
CBHW030934090426

42737CB00007B/422